AF272279

Bibliografische Information der Deutschen Nationalbibliothek

Die deutsche Nationalbibliothek verzeichnet diese Publikation in der Deutschen Nationalbibliografie; detaillierte bibliografische Daten sind im Internet über http://dnb.d-nb.de abrufbar.

Herstellung und Verlag:
BoD - Books on Demand, Norderstedt
ISBN-13: 978-3-8482-1524-9

Umschlaggestaltung: Beate Piehler
Umschlagfotos: Privat
Vorderseite: Auf dem Großen Arber
Rückseite: Unterwegs im Steinernen Meer

Eine Urlaubsgeschichte

in drei Teilen

Dieses Buch ist für dich Jonathan!

Du warst oft mit uns wandern. Aber dein hoffentlich nicht letzter Ausflug in die Berge war so ereignisreich, dass ich ihn als Tagebuch für dich aufgeschrieben habe.

Da du erst zehn Jahre alt warst, kann es auch sein, dass du dich gar nicht mehr so an alle Einzelheiten erinnerst.

Später werden deine Kinder staunen, was du erlebt hast. Und sicher auch viele Menschen, die dieses Buch lesen.

Wir sind stolz auf dich!

Oma und Opa

Verlauf der Wanderung

Bei dem Wort Urlaub denken die meisten Menschen an Sommer, Sonne Strand und Meer. Wir hatten zwar keinen Strand, aber ein Meer!

Wir haben in unserem Urlaub vom 26.07. bis zum 31.07. eine Bergtour in den Berchtesgadener Alpen, im Steinernen Meer unternommen. Wir, das sind mein Mann Jürgen, unser Enkel Jonathan, zu der Zeit zehn Jahre alt, mein Cousin Lutz und ich. Wir sind mit zwei Autos unterwegs, weil Lutz von Berlin aus zu uns gestoßen ist. Gemeinsam verbringen wir die erste Woche in einem Berghotel in Österreich, bereiten uns auf die Bergtour in der zweiten Woche vor, in der wir in den Alpen unterwegs sein wollen.

Als eines der neun Teilgebiete der Berchtesgadener Alpen gehört das Steinerne Meer teils zu Bayern (Bayrische Alpen), teils zu Salzburg (Salzburger Kalkalpen). Hier der gesamte Verlauf unserer Wanderung:

Erster Tag:

Am Sonntag sind wir von Saalfelden (Österreich) zur Peter Wiechenthaler Hütte (1752m) auf dem Kienalkopf aufgestiegen.

Zweiter Tag:

Montag sind wir über die Weißbachscharte (2150m, Südkamm des Steinernen Meeres) zum Riemannhaus (2177m) gewandert. Eine anstrengende Wanderung. Am Nachmittag steigen wir noch auf den Sommerstein (2308m) und genießen die herrliche Aussicht weit über das Meer aus Steinen.

Dritter Tag:

Wegen schlechtem Wetter legen wir im Riemannhaus einen Ruhetag ein und besteigen mittags die Schönfeldspitze (2653m). Ganz schön anstrengend und nicht so lustig, wenn man als Belohnung für die Anstrengung noch nicht mal die faszinierende Aussicht genießen kann.

Vierter Tag:

Wir wandern zur Biwakschachtel (2457m) unterhalb des Wildalmkirchls (2578m), ein markantes Bergmassiv, das weithin als Kirchensilhouette gut auszumachen ist.

In diesem weniger zugänglichen Ostteil des Steinernen Meeres gibt es eine unbewirtschaftete Hütte, um Bergsteigern eine Notunterkunft als Stützpunkt zu gewähren. Zum Beispiel, wenn man sich die Tour vom Riemannhaus zum Matrashaus nicht an einem Tag zutraut, oder von schlechtem Wetter überrascht wird.

Fünfter Tag:

Wir wandern weiter zum Matrashaus (2941m) auf dem Hochkönig, kommen aber leider nicht an.

Von diesem Tag handelt dann der zweite Teil des Tagebuches - einem Tag, von dem noch keiner wusste, wie und wann er enden wird.

Erster Teil

„Wo ist denn eigentlich das Meer?"

1. Tag: Sonntag, der 26.07.2009

Wir haben bereits eine schöne Woche Urlaub in Österreich hinter uns und starten nun zum zweiten Teil unserer Ferien, an die österreichisch-deutsche Grenze.

Um 8.30 Uhr starten wir von unserem Urlaubshotel in Hopfgarten mit beiden Autos, zunächst nach Mühlbach am Hochkönig zum Arturhaus, um dort Lutz sein Auto abzustellen. Hier werden wir am Donnerstag ankommen, wenn wir unsere Tour durch das Steinerne Meer geschafft haben. Dann haben wir einen fahrbaren Untersatz und können dann zu unserem Startpunkt und meinem Auto zurückfahren.

Eine kurvenreiche Strecke, besonders der letzte Abschnitt von Mühlbach hinauf zum Arturhaus. Dies ist ein beliebter Ausgangspunkt für Wanderungen und hat demzufolge auch einen entsprechend großen Parkplatz. Wir packen Lutz seine Wanderutensilien mit in mein Auto und frotzeln miteinander, weil wir gut drauf sind.

Dann machen wir uns auf den Rückweg, zunächst die Serpentinen hinab nach Mühlbach und weiter nach Saalfelden, um von dort aus ins Steinerne Meer zu starten.

Mit meinem Navigationsgerät ist es ein Klacks, in Saalfelden den Parkplatz Bachwinkel zu finden. Einen Platz zwischen den Bäumen für mein Auto zu finden, ist wesentlich schwieriger. Scheinbar sind bei diesem schönen Wetter viele Leute unterwegs. Schließlich ist Sonntag! Ich quetsche mein Auto an den Wegesrand, was reichlich schwierig ist, weil der Parkplatz einfach nur die Waldfläche rechts und links vom Fahrweg ist, unbefestigt.

Als wir beginnen, uns wanderfertig zu machen, fährt ein Auto weg und wir bekommen einen klasse Parkplatz zwischen zwei Bäumen. Hier kann mein Auto durchaus übernachten, bis wir am Freitagmittag wieder zurückkommen.

Nun heißt es Schuhe anziehen, Stöcke einstellen, Rucksäcke schultern und ein Startfoto mit Selbstauslöser zu machen. Und nur nichts vergessen! Nur gut, dass wir nochmal alles abfragen, jeder jeden und wieder zurück. So stellt Lutz noch rechtzeitig fest, dass er ja seinen Autoschlüssel mitnehmen und nicht in meinem Auto liegen lassen darf. Was für eine Pleite wäre das? Kommen auf der anderen Seite der Berge an und stehen vor einem verschlossenen Auto. Wer geht dann zurück und holt den Schlüssel?

„Na Lutz", sagt Jonathan trocken.

Für Jonathan finden wir gleich neben meinem geparkten Auto einen passenden Stock, den er sich als Wanderstab einverleibt. Und dann gehen wir es an, ausgeschilderte 2,5 Stunden. Es ist 12.05 Uhr und leider sehr warm, aber laut Karte dürften wir den überwiegenden Teil im Schatten der Bäume laufen.

Und so ist es auch. Wir kommen um 15.30 Uhr in der Peter Wiechenthaler Hütte an, also nicht in der angegebenen Zeit, aber darauf kommt es ja nicht an. Immerhin haben wir Zeit.

Der Weg schlängelte sich in Serpentinen den Berg hinauf. Viele Wanderer begegneten uns im Abstieg. Viele Bänke mit Bezeichnungen oder Namen luden zum Rasten ein. Schilder waren angebracht, die jeden Wanderer darauf hinweisen, dass Müll nicht in die Natur gehört. Jonathan nimmt es da sehr genau und wir entdecken viele Vergehen am Wegesrand, die nicht sein müssten.

Wir machen zwei Mal Rast. Einmal 30 Minuten, um unser Mittagsmahl zu halten. Es gibt Wurst und Brot, danach was Süßes und Trinken.

Ein zweites Mal rasten wir 20 Minuten auf einer Bank mit herrlichem Ausblick ins Tal, nur um zu verschnaufen und zu klönen. Es ist sehr warm, auch im Wald und nur manchmal tröstet uns ein schwaches Lüftchen über die Mittagshitze hinweg. Wir schwatzen viel, um unseren Enkel bei Laune zu halten. Er murrt nicht ein einziges Mal.

Für Witzeleien sorgt die letzte Bank, als wir die Hütte schon vor Augen haben. Sie trägt ein Schild mit der Aufschrift: „Gott sei Dank Kurve". Na wenn das kein Foto wert ist, dann weiß ich auch nicht. Ich sage nach dem Foto: „Rührt euch!", und das wird auf der ganzen Wanderung der allgemeine Spruch beim Fotografieren bleiben, und zwar erst, wenn das Foto erfolgreich im Kasten ist, was bei mir schon mal mehrere Versuche umfassen kann. Und dann ist da ja immer noch Lutz seine Kamera. Manchmal denkt er nämlich daran, dass auch er gerne ein Foto hätte.

Wir machen es uns auf der Terrasse der Hütte bequem, ziehen Schuhe und Strümpfe aus und genießen die Ankunft, zum Abkühlen an diesem schattigen Plätzchen. Die erste Etappe wäre geschafft.

Wir halten es aber nicht lange im Schatten aus, weil der Wind kühlt, wenn man sich nicht mehr bewegt. Jürgen besorgt Schlafplätze für uns und Jonathan freundet sich mit dem Hund des Hauses an.

Dann ist genießen angesagt. Bei Kaiserschmarrn, Kuchen und Kaffee lassen wir es uns im Sonnenschein gut gehen. Schließlich ist Sonntag! Eine riesige Schautafel mit einem Panoramaposter erklärt uns die Gipfel der Glockner- und Venedigergruppe und der Loferer Steinberge. Jonathan verkürzt sich die Zeit mit Klettern und Schaukeln. Er kann es gar nicht erwarten, dass es endlich Abendbrot gibt.

Um halb sieben bestellen wir endlich, zu Jonathans Freude, unser Abendbrot. Er kann sich nicht entscheiden zwischen Fitnessteller mit Nuggets oder Bergsteigeressen. Letzteres ist Gott sei Dank nicht mehr zu haben. Es wäre hier kein Nudelgericht gewesen, wie in den meisten Hütten, sondern Semmelknödel mit Sauerkraut. Nicht so ideal für ihn! Also genießt er, genauso wie Lutz, den Fitnessteller mit Nuggets. Jürgen bestellt Zigeunerschnitzel und ich Omelett mit Schinken. Die Küche ist einfach Top! Wir sitzen immer noch auf der Terrasse der Hütte im Sonnenschein, trinken Bier und Schiewasser. Lutz und Jonathan spielen Schach, ich schreibe und Jürgen genießt die Ruhe! Ich warte auf den Sonnenuntergang.

Die Sonne verschwindet genau um 20.31Uhr hinter den Loferer Steinbergen. Kurze Zeit später wird es empfindlich kühl, so dass wir uns ins Lokal zurück ziehen. Der Kachelofen ist warm und ich kuschle mich an.

Im Erdgeschoß der Hütte befinden sich die Gasträume, die Küche und eine öffentliche Toilette im Seitenanbau, in dem auch die beiden Waschräume für Mann und Frau zu finden sind. Die Dusche ist im Raum der Frauen, was natürlich bei meinen männlichen Begleitern Witzeleien zu Tage fördert. Außerdem befindet sich eine Toilette auf der ersten Etage.

Unsere Schlafstellen, wir haben Lager genommen und keine Zimmer, befinden sich in der 3. Etage. Die Matratzenlager sind unter den Dachschrägen auf der linken und auf der rechten Seite. Noch eine dreiköpfige Familie schläft mit im Raum. Gut, dass die Hütte nicht so voll ist. So bleiben Kissen übrig, von denen ich mir gleich noch zwei organisiere. Decken stehen für jeden Gast zwei zur Verfügung und ein Stapel ist noch zusätzlich vorhanden. Genau das richtige für mich Frierkatze.

Es ist mittlerweile 21.30 Uhr, als wir das Licht ausmachen.

2. Tag: Montag, der 27.07.2009

Um 6.45 Uhr erheben wir uns endlich von unseren Lagern. So richtig Lust hat wohl keiner. Jürgen und ich sind diese Etappe schon einmal mit unseren Kindern gelaufen und wissen, was uns erwartet. Es soll warm werden. Ein Blick aus dem Fenster verrät, dass sie im Tal schon scheint. Hier oben stört das Persailhorn, darum liegt die Hütte noch im Schatten. Das Thermometer zeigt 13°C, leichte Schleierwolken sind am Himmel.

Nach dem Frühstück, das mir in Hütten nie so gut gefällt, weil das dunkle Brot meistens altbacken ist, ziehen wir frohgelaunt um kurz nach acht Uhr los, nicht ohne genug Fotos mit dem dazugehörigen Spruch gemacht zu haben. Unser Weg führt unter dem Persailhorn (2350m) und dessen Schatten entlang.

Eigentlich war geplant, darüber zu klettern, weiter über das anschließende Mitterhorn (2491m), Breithorn (2504m) und dann hinab zum Riemannhaus (2177m). Sicher eine lohnende Klettertour. Wir hatten aber den Plan zu Hause bereits verworfen, weil uns das zu viel Gepäck beschert hätte. Vor Jahren hatten wir mit unseren Kindern diese Tour am Persailhorn abgebrochen und wussten deshalb, dass hierfür die Kletterausrüstung mit Helm und Seilzeug angebracht war. Jonathan hatten wir eins gekauft und mitgenommen, um ihn an gefährlichen Stellen notfalls sichern zu können. Aber für uns noch alles mitzuschleppen, war uns dann doch zu viel gewesen. Immerhin sind die Rucksäcke für sechs Tage schwer genug.

Jonathan macht es ohne die Persailhorn-überschreitung trotzdem Spaß auf diesem Weg, weil auch ein paar kritische Stellen dabei sind. Ich entdecke weiter unten am Berghang zwischen den Latschenkiefern eine Gämse, doch ehe Jonathan sie mit den Augen ausmachen kann, ist sie schon verschwunden. Schade!

Dann beginnt die Kletterei in der Flanke bergauf zur Weißbachscharte. Um 10.00 Uhr erreichen uns dort die ersten Sonnenstrahlen, aber da der Wind frisch vom Berg herunter weht, ist es zu ertragen.

Jonathan ist gut drauf. Die Kletterei macht ihm Spaß, so dass eine Standpause von 5 Minuten zum Trinken ausreicht. Er fragt immer wieder mal, ob wir nun schon im Meer sind. Er kann sich unter dem Begriff „Steinernes Meer" nicht viel vorstellen.

Die Freude ist groß, als wir um 10.15 die Weißbachscharte (2150m) erreichen und Jonathan den ersten Blick auf die grandiosen Weiten des Steinernen Meeres wirft. Ich erkläre ihm die höchsten Berge, zeige ihm die, auf denen Oma und Opa bereits gewesen waren und studieren gemeinsam die Karte.

Die Pause haben wir uns verdient und kosten sie auch mit unserem Picknick eine Stunde lang aus. Die Sonne brennt noch nicht und da wir windgeschützt sitzen, lässt es sich gut aushalten.

Dann ziehen wir hinab ins Steinerne Meer, wandern auf dem „Eichstätter Weg" bergauf, bergab und wieder bergauf in Richtung Riemann-haus. Für unseren Enkel ist es eine neue Erfahrung, dass es keinen Pfad gibt, sondern nur an Felsen und Steinen gemalte rot-weiße Striche, die einem zeigen, wo man langgehen soll. Er darf an der Spitze gehen und uns den Weg zeigen.

Als wir das erste Schneefeld erreichen, müssen die drei Männer erst mal Schneebälle werfen.

Kurz darauf erreichen wir ein, vor dem Wind geschütztes Schneefeld, das uns für eine Pause geeignet scheint. Und jetzt ist wirklich Spaß pur angesagt und fast übertrieben. Die Männer laufen doch wirklich barfuss und nur mit Slip bekleidet über den Schnee, waschen sich damit, auch gegenseitig, pusten, kreischen und johlen wie verrückt und zielen auf jeden mit Schneebällen. Ich habe ganz schön zu kämpfen, dass sie mich mit dem kalten Nass verschonen. Wir gönnen Jonathan gern diese Pause, das Erlebnis und den Spaß, um ihm die Berglaune zu erhalten. Ich verteile noch einmal Sonnencreme und beende die Scheepause nach 45 Minuten, unter Protest der Männer.

Wir wandern noch über viele Schneefelder. Als wir um 14.00 Uhr das Riemannhaus erblicken, das sich unter der steil aufragenden Wand des Sommersteines zu ducken scheint, ist die Freude groß. Wenn ich unsere Pausen abziehe, haben wir hier die angegebene Gehzeit eingehalten, also ein gutes Maß. Eigentlich erstaunlich, weil wir doch oft stehenbleiben. Jonathan entdeckt an allen Ecken was anderes und bleibt stehen, um es uns zu zeigen.

Natürlich verwundert es uns nicht, dass das Haus noch mehrmals verschwindet, weil wir in eine Senke hinab wandern, um dann wieder unvermittelt vor uns aufzutauchen, ein klein wenig näher herangerückt. Nur der Jüngste in der Runde lässt sein Unbehagen darüber verlauten. Hatte er doch ernsthaft angenommen, dass es nur noch wenige hundert Meter geradeaus bis zur Unterkunft sind.

Im Riemannhaus sind reichlich Tagesgäste, die nach und nach das Haus wieder verlassen. Radler und Schorle, Suppe und Apfelstrudel sind der Lohn für unsere Wandermühe. Wir machen es uns auf der Terrasse bequem, ergattern Liegestühle und genießen so den Nachmittag an einem windgeschützten Plätzchen.

Um drei Uhr können wir unsere Lager im zweiten Stock beziehen. Auch hier entscheiden wir uns für Lager, eben aus Kostengründen, weil wir zwei Tage hier bleiben werden. Das Lager kostet für uns pro Nacht als Alpenvereinsmitglieder 9,00 Euro und für Lutz als Nichtmitglied das Doppelte. So oder ähnlich sind die Preise in den meisten Berghütten. Sie variieren zwischen 7,00 und 13,00 Euro für Mitglieder. Zimmer sind natürlich teurer.

Unsere Lager befinden sich, wie gesagt im 2. Stock. Die Treppe hinauf ist recht steil. Genau am Treppenabsatz ist links eine Schiebetür, dahinter verbirgt sich Lager 3, das fünf Schlafplätze in einer Reihe auf dem Boden zur rechten Seite besitzt und eine einzelne Matratze an der gegenüberliegenden Wand, die Jürgen sofort in Beschlag nimmt. Wir hoffen, dass wir nicht noch zwei Leute dazu bekommen, denn dann wäre es ganz schön eng und ich hätte nur ein Kopfkissen.

Um 16.00 Uhr stellt Jürgen, der bereits die Nase voll hat vom Rumhängen, die Frage in den Raum, ob wir nicht noch auf den Sommerstein klettern wollen. Jonathan hat keine Lust und so darf er es sich weiterhin auf der Terrasse mit Sprite gut gehen lassen. Es ist ein 20minütiger Aufstieg bis zum Gipfel. Oder etwas mehr, wenn man es gemütlich angehen lässt.

Wir genießen die tolle Fernsicht und erklären zwei Frauen, die sich in der Nähe aufhalten, noch die Berge in der Ferne rund um Berchtesgaden. Gut auszumachen ist das markante Massiv des Watzmann, der seine breite Ostwand präsentiert, der Hohe Göll, das Hohe Brett, den Schneibstein, das Funtenseegebiet, das Grün der Gotzenalm, das Kehlsteinhaus auf dem Bergsattel vom Kehlstein, den Jenner mit seiner Seilbahn.

Hinab brauchen wir nur 15 Minuten und Jonathan freut sich, dass wir wieder da sind. Ich schwärme ihm vor, wie weit ich gucken konnte, auf Berge, die er auch kennt. Das ist ihm aber egal. Er sagt, dass er heute schon genug Berge und Steine gesehen hat und sogar ein ganzes Meer aus Steinen.

Wir bereiten unsere Lager. Wasch- und Duschraum sind getrennt und befinden sich im 1.

Stock. Männlein und Weiblein benutzen sie gleichermaßen, was mich bei unserem ersten Aufenthalt in diesem Haus im Jahre 1997 schon sehr verwundert hatte. Man muss eben hartgesotten sein, wenn man in die Berge geht.

Die Sanitärräume werden erst um 17.00 Uhr aufgeschlossen. Wir ziehen gemeinschaftlich in den Waschraum. Hui, kaltes Wasser erfrischt, aber kühlt auch angenehm die von der Sonne geküsste Haut. Die anschließende Eincremaktion gestaltet sich in unserem Lager, angesichts der Enge, recht schwierig. Ist aber nicht so tragisch, weil es dadurch mehr zum Lachen gibt.

So sauber und adrett gehen wir zum gemütlichen Teil über und suchen uns ein Plätzchen auf der Terrasse, da die Sonne noch ohne Beeinträchtigung von Wolken vom Himmel lacht. Für den etwas auffrischenden Wind haben wir unsere Jacken dabei. Das Essen wird recht schnell serviert, da man hier auf viel Kundschaft eingestellt ist. Da das Bergsteigeressen wieder kein Nudelgericht ist, sondern dicker Linseneintopf, entscheiden sich die Männer für Leberkäse mit Bratkartoffeln und ich für Schinken mit Ei und Bratkartoffeln.

Zur Verdauung gibt's eine Schachpartie zwischen Jonathan und Lutz. Genau um 20.09 Uhr verschwindet die Sonne rechts vom Breithorn. Danach wird's empfindlich kühl. Als Jonathan keinen Bock mehr auf Schach hat, üben sie noch Bierdeckelschnippen von der Tischkante. Als dann gar nichts mehr geht, spielen sie Schwarzer Peter mit Bierdeckeln. Nach müde kommt blöd!

Wie auf Hütten üblich, ist recht zeitig Nachtruhe, oder besser gesagt, Hüttenruhe. So verschwinden wir um 20.45 Uhr in unser Lager 3, aber so richtig kommen die albernen Männer neben mir, Lutz und Jonathan an der Spitze, erst eine halbe Stunde später zur Ruhe. Unser kleines Fenster in der Dachgaube lässt sich leider nicht kippen. So müssen wir es ganz offen lassen.

3. Tag: Dienstag, der 28.07.2009

Um 3.00 Uhr kommt Wind auf, der sich allmählich steigert, unsere Tür klappern lässt und letztendlich unser Fenster zuknallt. Ich quäle mich aus meinem Hüttenschlafsack und schließe das Fenster. Scheinbar bin ich die Einzige, die den Witterungsumschwung mitbekommt.

Da wir für heute wegen der schlechten Wetterprognose ohnehin einen Ruhetag eingeplant hatten, beeilen wir uns gar nicht erst mit dem Aufstehen. Um acht Uhr marschieren wir zum Frühstück.

Es hat in der Nacht ab 4.00 Uhr viel geregnet. Jetzt klart es etwas auf. Der Nebel steigt auf, im Tal hängen die Wolken über Maria Alm und am Horizont grüßen Glockner und Venediger über das weiße Meer hinweg. Natürlich singen wir von Reinhard May „Über den Wolken".

Wir frühstücken genüsslich, was bei dem Brot gar nicht so einfach ist, wenn man das Wort Genuss sinnhaft deuten will. Aber sonst stimmt alles. Mit einem kleinen Frühstück für 2,80 Euro (2 Scheiben Brot, Butter, Marmelade, Schmelzkäse) sind alle rundum zufrieden. Wir nehmen wieder einen Liter heißes Wasser und reichern es nach

Belieben mit Kaffeepulver an, oder machen Tee daraus.

Wir haben Zeit und Jonathan gestaltet wieder Bierdeckel um zu einem Schwarzer – Peter – Spiel. Ich schaue mich im Gastraum um und finde im Schrank Spiele. Da ist die Freude groß, als ich mit einem Karten- und Backgammonspiel erscheine. So vertreiben wir uns die Zeit bis um 10.00 Uhr. Dann ist allgemeine Augenpflege angesagt. Jonathan passt das zwar nicht so, aber letztendlich ruht auch er.

Es hat seit früh morgens nicht mehr geregnet und so entschließen wir uns im Mittag, eine Wanderung zu machen, damit wir wieder müde werden.

Wir ziehen in Richtung Schönfeldspitze, einem interessanten Berg, den Jürgen und ich vor Jahren schon einmal bestiegen hatten. Es nebelt. Und falls es regnen sollte, können wir ja umdrehen. Wir sind auf jeden Fall mit Regensachen ausgerüstet, haben Picknick dabei und vorsichts-halber Seil- und Gurtzeug für Jonathan. Er mault ab und zu mal.

Um ihn bei Laune zu halten, machen wir nach 45 Minuten Pause an einem kleinen Schneefeld und Picknicken. Wir wollen abwarten, ob die fallenden Tropfen zum Nebel gehören, oder eine Regenschauer werden.

Es bleibt beim Nebel und so verstauen wir unsere Schirme wieder und wandern weiter in Richtung Schönfeldspitze. Das Gelände wird steiler und die Kletterei beginnt. Wir verstauen unsere Stöcke an die Rucksäcke und wandern weiter.

Jonathan möchte mal wieder umdrehen und an einer Felsplatte mit wenig Tritt- und Griffmöglichkeiten wird's heikel für ihn. Er bekommt sein Gurtzeug an, so dass Jürgen ihn sichern kann. An dieser Stelle, die ich schon passiert hatte, nehmen die beiden einen anderen, einfacheren Weg weiter oben, den ich ihnen zeige. Wir motivieren ihn immer wieder und so klappt es recht gut. Wir verschnaufen oft und lassen uns viel Zeit für den Aufstieg, immerhin ist die Route gepunktet. Bis jetzt läuft uns nichts weg. Noch nicht mal der Nebel!

Wir unterhalten uns viel und erstaunlicherweise taut Jonathan auf, staunt über viele Dinge, wie Blumen, Käfer und Steine. Ich hatte ihn außerdem neugierig auf das Gipfelkreuz gemacht, welches einzigartig und etwas ganz Besonderes ist.

Um 15.00 Uhr erreichen wir den Gipfel, 2653 Meter hoch. Er ist wirklich begeistert von dem Kreuz. Es sieht nämlich nur von weitem aus wie ein Kreuz. Tatsächlich sind es aber zwei Figuren aus Holz: Die stehende Muttergottes, die ihren Sohn quer auf den Armen trägt.

Leider klart der Nebel nicht vollständig auf und so genießen wir nur ein halbes Gipfelglück. Da kann auch die Gipfelschokolade nur bedingt trösten. Bei den Fotos haben die drei Männer ihren Spaß an mir, weil ich lange suchen muss, bis ich einen passenden Platz für den Fotoapparat finde, der uns mit Selbstauslöser zusammen aufnehmen soll. Beim Sprint hin zum Kreuz schramme ich mir letztendlich noch das Knie auf, was aber die anderen vor lauter lachen gar nicht ernst nehmen.

Danach machen wir uns an den Abstieg, der problemlos und natürlich viel schneller geht, als hinauf. Jonathan ist gut gelaunt und schwatzt ununterbrochen.

An einer eher unschwierigen, aber abschüssigen Geröllstelle rutscht Jürgen weg und stürzt, nicht weit runter, aber es reicht, um sich das Knie und zwei Finger aufzuschrammen. Jonathan ist entsetzt, weil eigentlich Opa ihn halten soll. Und nun sitzt er entsetzt da, hat das Seil in der Hand und Opa sitzt zwei Meter tiefer auf dem Geröll. Nachdem Jürgen signalisiert hat, dass nichts passiert ist, ziehen wir das Ganze ins lächerliche und als demonstratives Beispiel dafür, dass beim Abstieg die meisten Unfälle passieren. Jürgen kann es auch erklären. Er hat nach Jonathan und seinem Seil geschaut, statt auf den Weg.

Mit vielen Eindrücken, Erfahrungen und mit kleinen Blessuren sind wir um 17.30 Uhr wieder im Riemannhaus. Als erstes gönnen wir uns Radler und Limo. Mit Duschmarken (2,00 Euro für 3 Minuten) bewaffnet, reihen wir uns in die Schlange der Wartenden ein. Natürlich darf man nicht darüber nachdenken, welche Sporen, Bazillen oder Keime dort in der Dusche unterwegs sind, sonst vergeht einem die Lust auf Haar- und Körperpflege, die nun aber doch seit Sonntag mal wieder nötig sind, vor allem im Hinblick auf den morgigen Tag, an dem wir die Nacht in einer Biwakschachtel verbringen werden.

Frisch gepflegt finden wir uns um 19.00 Uhr im Lokal ein, das mehr als gut gefüllt ist. Die Herren probieren heute Nudeln mit Bolognese-Soße, ich halte mich an mein Gericht von gestern. Die Preise liegen auf der ganzen Karte zwischen sechs und neun Euro.

Wir vertreiben uns danach die Zeit mit Mau-Mau spielen und verschwinden um 21.15 Uhr in unsere Kojen. Der Himmel ist erstaunlicherweise sternenklar und die Lichter von Maria Alm blinken im Tal. Für morgen verspricht der Wetterbericht wieder ein Hoch mit Sonne und angenehmen Temperaturen.

4. Tag: Mittwoch, der 29.07.2009

Um halb sieben marschiere ich als Erste in den Waschraum, der recht voll ist. Die anderen drei folgen kurz drauf. Das Packen der Rucksäcke ist immer anstrengend, weil alles gut gestaut sein will.

Um 7.20 Uhr sitzen wir am Frühstückstisch und schmieden Pläne für unseren Getränkevorrat. In der Biwakschachtel gibt es nichts, also brauchen wir für die Wanderung, die Übernachtung, den nächsten Morgen und die Wanderung am zweiten Tag zum Matrashaus ausreichend Trinken. Und das muss alles geschleppt werden, geschätzte 6-7 Stunden Gehzeit.

Wir trinken nach dem Frühstück alle noch einen halben Liter Schiwasser, um schon mal für heute vorzulegen. Dann lassen wir alle verfügbaren Behältnisse mit Schiewasser füllen und verteilen die festgelegten sieben Liter Trinken in unseren Rucksäcken. Auch Jonathan bekommt ein Kilogramm Trinken in seinen Rucksack.

Mit Einpacken und Rüsten wird es 8.15 Uhr, ehe wir starten. Das Thermometer zeigt 10°C an, aber es hängt im Schatten. Da wir in der Sonne laufen werden, gehen wir gleich kurzärmelig und kurzbeinig.

Wir wandern gut gelaunt unter der Schönfeldspitze dahin, die wir diesmal umrunden müssen. Wir erzählen wieder von gestern, vom Nebel und wie schade dass es ohne Aussicht war.

Die erste kurze Trinkpause machen wir gegen 10.00 Uhr. Munter geht es weiter, zwar langsam, aber stetig. Jonathan hat viel zu tun! Er muss immer die Schneefelder mit Steinen traktieren, versucht auch mal, Steine zu zerschlagen und labert ununterbrochen. Wir zählen Schafe und beobachten Murmeltiere. Natürlich hält das alles auf, aber was soll's? Er soll ja schließlich Spaß am Wandern haben und viele Dinge in der Natur interessant finden. Ich bin froh, dass wir zu dritt sind, so kann er jeden Mal mit Fragen überschütten. Lutz ist da auch besonders geduldig und erklärt ihm viel.

Um 12.15 Uhr ist Picknick angesagt. Der Kaffee in der Thermoskanne ist noch schön heiß und so schmeckt uns das Wurstbrot umso besser. Die Getränke werden von mir zugeteilt. Diesen Job lasse ich mir nicht aus der Hand nehmen, denn dass unser Trinken ausreicht ist ein wichtiger Aspekt hier in den Bergen.

Nach einer halben Stunde marschieren wir weiter und Jonathan läuft ohne einmal zu maulen.

Wenn er läuft, *grins* und nicht gerade mal wieder etwas Interessantes am Wegesrand entdeckt. Es geht über grüne Höhen, Schotter, Geröll und Fels, mal eben dahin, mal bergab, mal bergauf zu einer Scharte und wieder hinunter.

Ein großer Teil des Steinernen Meeres liegt uns zu Füßen ausgebreitet. Von der linken Seite, die Schönfeldspitze als markante Spitze, lasse ich meinen Blick nach rechts schweifen und viele bekannte Gipfel grüßen in näherer und weiterer Ferne: Der Große Hundstod, links davor ist noch mit bloßem Auge das Ingolstädter Haus zu erkennen, der Schneiber, das ganze Watzmann-massiv, weiter im Vordergrund Viehkogel und Schottmalhorn, das Grün des Funtenseegebietes, Funtenseetauern, und weit in der Ferne den Untersberg, das Hohe Brett, der Hohe Göll, der Jenner, die Gotzenalm, den Schneibstein. Das sind alle Berge, die ich kenne, ohne auf eine Karte gucken zu müssen. Sie verschwinden, als wir die Hochbrunnsulzenscharte überschreiten. Schade! Von hier schauen wir in einen, uns unbekannten Teil des Steinernen Meeres, der auch viel weniger frequentiert wird, als der, aus dem wir kommen.

Es ist 12.15 Uhr und wir machen Mittag gleich auf der Scharte, um den Ausblick auf beide

Seiten noch eine Weile genießen zu können. Der Kaffee ist noch angenehm zu trinken. Jeder reichert sein Schiwasser mit Multivitamin an.

Frohgelaunt wandern wir nach einer halben Stunde weiter. Natürlich geht es erst mal bergab. Wir spekulieren immer, wo uns unser Weg wohl entlang führen mag, um oder über welchen Berg wir als nächstes müssen. Es geht landschaftsmäßig weiter, wie bisher. Nur Murmeltiere und Schafe sind hier nicht mehr anzutreffen. Aber überall zwischen Stein und Fels vollbringt die Natur wahre Wunderwerke. Mehrmals lasse ich mich wieder dazu hinreißen, einige Exemplare zu fotografieren.

Als wir um das Scheereck fast herum sind, entdecken wir hoch droben die Biwakschachtel auf 2457m am Fuße des gut 100 Meter höheren Bergmassivs „Wildalmkirchl", dessen Kontur von hier aus nicht mehr ganz so markant aussieht, aber immer noch mit Phantasie einer Kirche mit Dach und Turm ähnelt.

Jürgen entdeckt die Schachtel als Erster. Diesen Bergstock haben wir vom Hohen Göll aus bei klarer Sicht oft fotografiert. Jetzt, wo wir wissen, wo die Biwakschachtel ist, können wir sie bestimmt das nächste Mal vom Göll aus mit einem Fernglas ausmachen. Soweit, so gut!

Der Anstieg dort hinauf nimmt einem schon den Atem und wir machen nach einer viertel Stunde Anstieg erstmal Pause. Immerhin ist es erst 14.30 Uhr. Noch so viel Tag übrig!

Es gibt Früchteriegel und eine Ration Trinken. Ich schätze den restlichen Aufstieg mit 45 Minuten ein. Jeder gibt seinen Tipp ab, und ich werde Recht behalten. So viel vorneweg.

Jonathan lässt sich auch hier für den letzten Anstieg begeistern, zumal die Biwakschachtel von weitem schon besser aussieht, als wir uns jemals eine Unterkunft mit diesem Namen vorgestellt hätten.

Der Aufstieg ist schon recht beschwerlich und oft recht steil. Und dann sehen wir sie, in ca. 100 Metern Entfernung. Den Namen „Schachtel" trägt sie völlig zu Unrecht. Es ist eine komfortable, achteckige Holzhütte, wie eine große Gartenlaube. Alle Achtung! Wenn wir alles erwartet hätten, aber das nicht. Eher mit einer Blechhütte, Matratzen auf dem Fußboden, keine Einrichtungsgegenstände, eben einfach nur eine Notunterkunft, ein Dach überm Kopf.

Die Hütte besteht verständlicherweise aus nur einem Raum. Die Mitte des Raumes bildet ein

Holzpfeiler, um den ein runder Tisch gebaut ist. In 1,70m Höhe eine zweite, kleinere runde Platte, auf der Kerzen und Zubehör dafür bereit liegen. Links und rechts der Tür befinden sich je ein zweiflügeliges Fenster, deren Fensterläden wir gleich erstmal öffnen, Luft und Sonne hereinlassend. Unter den beiden Fenstern ist je eine Liege, An den anderen drei Wänden befinden sich drei Doppelstockbetten, also 8 Schlafplätze. Jedem stehen drei Decken und ein Kopfkissen zur Verfügung. Da wir allein sind, kann man sich mit Kissen und Decken einteilen.

Wir nehmen freudig die Unterkunft in Besitz, belagern jeder eine Schlafstatt, alle unten, packen unsere Rucksäcke aus, untersuchen alle Schränke, finden noch mehr Kerzen, Zubehör, Feuerzeuge, Hüttenbuch, Hüttenstempel, Karten und eine halbe Rolle Toilettenpapier. Und die beste Entdeckung sind Kartenspiele, so dass wir Mau-Mau spielen können. Lutz und Jonathan üben gleich mal ein paar Runden. Und ich setze mich vor die Hütte zum Schreiben. Jürgen liegt auf seinem Lagerplatz.

Wir sind so voll des Lobes von dieser sauberen, gut und praktisch eingerichteten Hütte, dass Jonathan fragt, ob wir nicht länger hier bleiben können. Als wir ihn ans Trinken erinnern, erübrigt sich die Absage von selbst.

Jürgen und ich steigen noch etwas höher, um zu sehen, ob wir irgendwo Handyempfang haben. Von hier oben sieht die Notunterkunft aus wie ein Vogelhäuschen. Wir entdecken auch in weiter Ferne das Matrashaus, an exponierter Stelle, hoch droben auf dem Hochkönig. Oh Gott, hoffentlich hält das Wetter, denn es ist so eine lange Strecke.

Um halb sechs starten wir alle mit Seife, Handtuch und sauberen Socken zu dem Schneefeld 20 Meter tiefer. Kaum zu glauben, auch ich tue es: Wir waschen unsere Füße im Schnee!

Die drei Männer treiben es noch weiter. Sie laufen barfuss aufs Schneefeld und reiben sich die Oberkörper mit Schnee ab. Das muss ich filmen! Mit Schneebällen traktieren sie sich wieder und ich muss so manches Mal in Deckung gehen, weil sie auch mich aufs Korn nehmen. Auf jeden Fall fühlen wir uns pudelwohl.

Um 19.00 Uhr scharen wir uns um den runden Tisch und essen. Es gibt Leberwurst und Mettwurst. Brot hatten wir uns im Riemannhaus noch dazu gekauft. Die letzte Dauerwurst lassen wir fürs Picknick morgen unterwegs.

Ich teile wieder das Trinken ein und lege fest, was heute noch getrunken werden darf, was fürs Frühstück und was für die Tagesetappe übrig bleiben muss. Gar nicht so einfach! Wenn man kein Trinken hat, muss man um so mehr daran denken und hat dadurch dauernd dieses Durstgefühl, so drücken es die Männer aus. Mich stört es weniger, weil ich normalerweise wenig trinke und mich nur aus Vernunftgründen zum Trinken zwingen muss.

Ich trinke nur ein paar Schlucke und gieße Jonathan noch etwas zusätzlich in seine Flasche, sein Maß für heute Abend. Und alle freut es, dass ich mein kleines Radio dabei habe.

Der Blick beim Abendbrot aus der offenen Tür ist einfach beeindruckend. Die Sonne beginnt sich über dem Scheereck zu senken. Etwas später setze ich mich in die geöffnete Tür, schreibe uns ins Hüttenbuch und warte, dass die Sonne hinterm Berg verschwindet. Jonathan und Lutz spielen Mau-Mau.

Jürgen startet um 19.30 Uhr noch eine Exkursion in unsere morgige Richtung. Er ist neugierig, wie es morgen weiter geht, wie weit er schauen kann, ob uns erst mal ein Anstieg oder ein Abstieg erwarten wird. Als er zurück kommt, berichtet er uns von einem überfrorenen Schneefeld, Geröll und einer Felsenecke, hinter der unser Weg weiter geht, die er aber nicht mehr ergründen wollte.

Während wir dann alle zusammen Karten spielen, versinkt die Sonne um 20.18 Uhr hinterm Scheereck. Wir beenden den Tag mit Mau-Mau und kriechen kurz vor 21.00 Uhr in die Schlafsäcke. Es dauert auch nicht lange, bis Ruhe einkehrt. Ich habe nach zähen Verhandlungen mit den Männern, besonders mit dem Jüngsten in der Runde, zeitiges Wecken und einen frühen Aufbruch angekündigt, spätestens um 6.00 Uhr soll Abmarsch sein. Man weiß nie, wie lange das Wetter hält.

Zweiter Teil

„Was ist, wenn…?"

5. Tag: Donnerstag, der 30.07.2009

So wie ich es meinen drei männlichen „Bergkameraden" angekündigt hatte, ist zeitig Wecken angesagt. Für den heutigen Tag waren für den Nachmittag in Alpennähe vereinzelt Schauern und Gewitter angesagt. Also heißt es, zeitig aufbrechen, um möglichst vor eventuellem Regen im Matrashaus zu sein.

Um 4.40 Uhr, nachdem die Fensterlade zum zweiten Mal gegen die Hüttenwand der Biwakschachtel donnert, setze ich mich auf meiner Pritsche auf, um aus dem Fenster zu schauen. Fern über dem Hohen Göll färbt sich der Himmel rot. Ich greife zum Fotoapparat und schieße das erste Morgenfoto. Es folgen in zehnminütigem Abstand noch weitere vier Fotos vom anbrechenden Tag. Ein Tag, von dem noch niemand ahnt, wie und wann er für uns enden wird.

Um punkt halb sechs beginne ich, mein Lager aufzuräumen und mich anzuziehen. Natürlich nicht leise, denn die drei Herren sollen sich ja auch aus ihren Schlafstätten bewegen. Sie murren nicht, als ich die Vorhänge öffne und durch die geöffnete Tür die Morgenluft hereinlasse. Schnell verschwinde ich aufs Naturklo, putze mir mit dem Wasser vom aufgetauten Schnee die Zähne, packe meinen Rucksack, lege Jonathan Sachen zurecht und nötige auch ihn, sich als Letzter zu erheben.

Um kurz nach sechs sitzen wir um den runden Tisch und frühstücken, später als ich geplant habe. Kaffee gibt's heute nicht, dafür die Frühstücksration Schiwasser auf Zuteilung. Lutz stellt zum wiederholten Male fest, dass er nie dialysepflichtig werden will, weil er dann nur so wenig trinken darf. Und wie schwer so etwas ist, merkt man erst, wenn man sich mit dem Wenigen einteilen muss.

Die Rucksäcke stehen bereit und nur noch die Essenreste müssen verpackt werden. Alle tragen langbeinig und langarmig mit einer Jacke darüber. Die Sonne steht zwar schon am Himmel, aber die Luft ist noch frisch.

Wir verlassen die Biwakschachtel so, wie wir sie vorgefunden hatten, schließen als letztes die Fensterläden und die Tür. Natürlich muss ich auch hier das obligatorische Abmarschfoto schießen. Das Kommando danach lautet, zum Spaß aller: „Rührt euch!" Es ist 6.30 Uhr.

Es geht über ein Schneefeld, über Geröll, um die beschriebene Felsenecke und dann bergauf. Wir ersteigen in einer dreiviertel Stunde das Brandhorn mit seinen 2610 Metern. Das hätten wir nicht erwartet, dass wir dort drüber müssen. Was soll's.

Wir halten uns nicht länger auf und steigen nach dem Gipfelfoto auf der anderen Seite wieder hinunter, um danach über den nächsten Berg zu steigen. Die Stimmung ist allseits gut, die Sonne scheint schon seit dem Frühstück, der Wind ist frisch, so dass man noch nicht ins Schwitzen kommt: Was will man mehr?

Der Weg wird schwieriger und Jürgen nimmt Jonathan als Seil, damit nichts passiert. Um neun, nachdem Jonathan zum ersten Mal vor zehn Minuten nach einer Pause gefragt hatte, finden wir ein (relativ) windstilles Plätzchen in einer Senke, bevor es wieder hinunter in eine weitere Senke geht.

Es gibt die von mir festgelegte Ration Schiwasser und Waffeln als Pausensnack. Wir lachen, albern und legen schon die Stelle fest, wo wir Mittagsrast machen wollen. Hinter zwei weiteren Gipfeln und den auslaufenden Bergrücken können wir ein grünes Bergplateau erkennen. Das ist unser nächstes Etappenziel, das wir über weitere Bergrücken um 10.30 Uhr erreichen.

Wir sind schon mal rechtschaffen kaputt. Wir verkriechen uns in eine Senke, weil der Wind fürchterlich pfeift und uns fast die Kappen vom Kopf reißt. Wolken sind aufgezogen und das nimmt uns die nötige Ruhe zum Picknicken. Jürgen hat gar keinen Hunger, muss aber was essen. Trinken gibt's wieder eine Tasse voll. Nun haben wir noch einen Liter übrig. Jonathan und Lutz machen noch ihre Späßchen, aber ansonsten herrscht schon eine leicht angespannte Stimmung.

Um das zu überspielen, beginnen wir uns auszumalen, was wir der Reihe nach im Matrashaus verspeisen werden und was jeder als erstes Trinken wird. Das ist ein Gaudi und allen ist klar, dass keiner das von ihm aufgezählte jemals essen und trinken kann.

Das Matrashaus, unser Ziel, haben wir schon in recht weiter Entfernung auf dem Hochkönig sehen können und nur Jonathan spricht es laut aus:

„So weit noch?"

Wir haben es uns im Stillen gedacht, ohne es auszusprechen. So treibt uns die innere Unruhe nach 15 Minuten weiter.

Es geht über die grüne Ebene dahin, dann in eine Scharte hinab, von der wir später erfahren, dass es die Torscharte ist. Ein riesiger Strommast stört die Idylle auf diesem schönen Fleckchen Erde. Die Leitung führt über dieses Plateau und versorgt die Täler zu beiden Seiten mit Strom. Rechts unten liegt der Ort Hintertal, rechts können wir keine Ortschaft ausmachen.

Natürlich geht es auf der gegenüberliegenden Seite wieder bergauf, wie auch anders? Auf dem Gras lässt es sich gut laufen, endlich mal nicht über Steine stolpern. Jeder kann laufen, wie er will, nur aus dem Gras lugende Steinbrocken weisen die rot-weiße Markierung auf. Einen richtigen Weg gibt es nicht, diesen Berghang hinauf.

Dann beginnt Schotter und Geröll. Ein Steinhaufen trägt zwei Schilder. Beide Pfade führen zum Hochkönig, der Mooshammer Steig rechts führt über den Hochseiler Gipfel drüber und der linke Weg, der Herzogsteig, führt um den Berg drumherum, so wie es den Anschein hat.

Jürgen holt die Karte raus und die Beratung fällt relativ kurz aus, da niemand von uns Bock auf eine Gipfelbesteigung mehr hat. Auf dem Schild mit dem Hinweis „Hochkönig über Herzogsteig" steht etwas, was wir gar nicht wissen wollen: 4 Stunden! Erstaunlicherweise steckt Jonathan diesen Schock am besten weg.

Es ist halb zwölf, also lassen wir uns nicht verrückt machen. Deswegen sind wir ja so früh aufgestanden. Allerdings hatte ich angenommen, dass wir bis hierher den größten Teil der Strecke schon geschafft hätten. Und nicht zum ersten Mal auf dieser Tour ärgere ich mich, dass ich mich vorher nicht belesen hatte.

Ohne jeglichen Kommentar zu den vier Stunden ziehen wir in Serpentinen das Geröllfeld weiter bergauf. Diesen Weg haben wir schon vom letzten Bergrücken aus sehen können. Es schließt sich ein steiles Schneefeld an, vor dem nicht nur ich Angst habe.

Jürgen, Jonathan und ich entschließen uns, weiter nach oben zu gehen und über Felsen zu steigen, um das Schneefeld zu umgehen. Aber das, was von unten immer so einfach aussieht, ist es nicht unbedingt. Die Felsplatten sind auch recht steil und bieten wenig Halt für unsere Füße. Die beiden Männer schaffen es mit vereinten Kräften, Jürgen

41

immer Jonathan unterstützend, auf der anderen Seite anzukommen.

Mir werden meine Stöcke zum Verhängnis. Beide zusammen in der rechten Hand, auf der dem Berg zugewandten Seite, ist es mir unmöglich, irgendwo Halt zu finden. Ich kriege Angst und das macht die Situation nicht einfacher. Die Knie werden weich und ich kehre um. Beim Wendemanöver stehe ich im Vierfüßerstand. Plötzlich klappert es und mein Schirm rollt den Fels runter. Was für ein kack! Hätte ich ihn doch nicht außen in die Tasche gesteckt sondern richtig ins Deckelfach vom Rucksack. Gott sei Dank landet er in der Felsspalte, in die ich ohnehin zurück wollte.

Das Rufen von der anderen Seite nervt, wobei die Rufer außerhalb meines Sichtfeldes hinter den Felsen sind. Sie wissen nicht, wo ich bin, was abgestürzt ist und wo ich bleibe. Entnervt werfe ich fluchend den Rucksack ab, stecke den Schirm richtig in den Rucksack und die Stöcke bringe ich außen an.

Jetzt habe ich beide Hände frei und starte nun den zweiten Versuch, die schräge Felsplatte zu überwinden. Dieses Mal klappt es und die Männer sind froh, dass ich heil ankomme.

Wir zeihen weiter. Zu der vorhergehenden Situation erkläre ich nur, dass ich meinen Schirm aus dem Seitenfach verloren und ihn erst verstauen musste. Dass ich weiche Knie bekommen hatte, müssen sie ja nicht wissen.

Ein weiteres Geröllfeld queren wir problemlos. Dann beginnt Fels. Nicht lange und die Kletterei beginnt. Jonathan steigt in sein Gurtzeug und wird von Opa gesichert. Soweit, so gut. Der Steig ist teilweise versichert. Stahlseile und einige Krampen bieten Halt. Allerdings ist es für Jonathan schon eine beachtliche Leistung, so steil zu steigen. Ich gehe hinter ihm und halte ihn an kritischen und ausgesetzten Stellen an seinem Gurt unterstützend fest, so dass er sich sicherer fühlt.

Ab und zu lasse ich mich zurückfallen und flüstere mit Lutz:

„Was für ein Wahnsinn! Ich ahne Schlimmes. Wer weiß, wie hoch wir noch müssen und auf der anderen Seite geht's dann am Seil wieder bergab."

Wir sprechen leise, damit Jonathan uns nicht hört. Er soll nicht mitbekommen, dass ich mir Sorgen mache. Die Sonne ist hinter Wolken verschwunden und der Wind ist kühl. Der Blick zum Himmel beruhigt nicht gerade.

Dann scheint die Kletterei erst mal vorbei und wir überqueren Geröll- und Schotterfelder, weniger gefährlichere Passagen. Doch man darf nie unachtsam sein, dass weiß mittlerweile auch Jonathan. Kurz drauf beginnt der nächste Klettersteig, seilversichert, mit Eisentritten und als Höhepunkt noch eine Aluminiumleiter, um eine Felsstufe zu überwinden.

Jürgen redet unaufhörlich auf Jonathan ein. Ich flüstere Lutz zu, der gerade um den Felsen biegt:

„Schau nicht hoch. Du willst es gar nicht wissen!" Was soll das noch werden? Vor allem ahne ich, dass es nach dem Abstieg auf der anderen Seite noch einmal ‚gepunktet' bergauf zum Matrashaus geht. Gut, ‚gepunktet' war der Weg auf der Karte über die vielen Bergrücken, die wir bisher überstiegen hatten, auch gewesen. Aber die zurückgelegte Strecke ist kein Vergleich mit dem, was wir gerade als ‚gepunktet' begehen, oder besser gesagt, besteigen. Grübeln macht mürbe und hilft nicht weiter, also steigen.

Ich gehe zur Beruhigung für Jonathan hinter ihm die Leiter hinauf und rede mit ihm. Jürgen sichert ihn von oben. Als wir das geschafft haben, merke ich an dem Wortwechsel zwischen den beiden vor mir gehenden, dass etwas nicht stimmt. Jonathan weint, weil er sich gefürchtet hat. Ich rufe Jürgen zu, er soll sich eine sichere Stelle suchen und pausieren.

Als wir die Beiden erreichen, schimmern an Jonathans Wimpern die letzten Tränen. Ich rede mit ihm über seine Angst und dass das ganz normal ist, weil er so was noch nie gemacht hat. Ich erkläre ihm, warum man Leitern anbringt und dass man dadurch einfacher eine fast unüberwindliche, steile Felsstufe hinauf kommt. Jürgen verspricht ihm, dass gleich die Kletterei ein Ende hat. Woher will er das wissen, denke ich mir! Nichts ist schlimmer, als leere Versprechungen.

Jonathan beruhigt sich schnell wieder und bekommt eine extra Ration Trinken aus seiner Flasche. Dann machen wir uns wieder auf den Weg. Die Sonne kämpft sich ab und zu durch die Wolken und sticht dann regelrecht. Kein gutes Zeichen!

Als wir um die nächste Felsenecke biegen, ohne nochmal schwierig klettern zu müssen, eröffnet sich uns der Blick ins Tal und Jürgen hatte Recht. Die Kletterei hat ein Ende und es geht unschwer am Fels bergab. Niemand ist erleichterter als Jonathan. Aber ich auch, doch in meine Gedanken mischt sich schon die Sorge vor dem nächsten Anstieg.

Vor uns breitet sich ein riesiges Plateau aus. Felsen und Schnee wechseln sich ab. Am oberen Ende erkennen wir einen Gletscher, der mir schon beim Ansehen Angst einjagt. Angst ist am Berg kein guter Berater, also versuche ich, das Ganze beiseite zu schieben und mich überraschen zu lassen, wo es lang geht.

Dem Matrashaus sind wir ein ganzes Stück näher gekommen, so sage ich es jedenfalls Jonathan, denken tue ich was anderes. Das Haus thront auf dem Bergkamm des Hochkönigs, dazwischen müssen wir scheinbar nicht nur dieses Felsplateau überwinden, sondern allem Anschein nach auch noch einen weiteren Berg. Es sei denn, man schickt uns oberhalb entlang.

Es ist 12.45 Uhr und ich denke, wir liegen noch gut in der Zeit. Da noch ab und an die Sonne die Herrschaft am Himmel übernimmt, hoffe ich, dass es noch eine Weile so bleibt. Jonathan entledigt sich seines Gurtzeuges und ich verstaue es wieder in meinem Rucksack. Wir ziehen die Jacken aus und steigen bergab.

Als wir die Ebene erreichen, erkennen wir recht schnell an den deutlichen Markierungen, die weithin sichtbar auf die glatten Felsen gemalt sind, dass es bergauf geht. Erste Nebelschwaden breiten sich aus.

Nach einer halben Stunde Steigen, glatt geschliffene Felsen und Schneefelder querend, machen wir Rast auf bequemen Steinen. Über uns plätschert Wasser in einer Rinne und sofort steht für alle fest: Trinken! Es stimmt wirklich: Durst ist schlimmer als Heimweh. Schon die ganze Zeit über haben die drei Männer vom Trinken gefaselt und dass man umso mehr Durst hat, wenn man weiß, dass nichts greifbar ist.

Und dann dies: Ein gut gefülltes Rinnsal, gespeist von irgendeinem Schneefeld. Jonathan ist begeistert, als er mit zwei Flaschen ausgerüstet, für uns dort oben Wasser holen darf. Und wir sind froh, dass wir nicht hinauf müssen. Seine Freude ist noch größer, als er stolz zurück kommt und lauthals verkündet:

„Es ist ganz klares Wasser, guck mal, nichts drinne!" und streckt uns freudig die Flaschen entgegen. Ich muss sagen, wenn man Durst hat, ist einem fast alles egal. Jürgen holt das Multivitaminpulver heraus, um das kalte Wasser zu verfeinern. Außerdem kann ein wenig Energienachschub auch nichts schaden. Es zischt förmlich, als alle trinken.

Ruck zuck sind die gefüllten Flaschen leer und Jonathan steigt begeistert wieder hinauf. Wir füllen fast alle verfügbaren Flaschen und sind erleichtert, dass wir eine Sorge los sind. Unser Flüssigkeitshaushalt ist erst mal aufgefrischt und den Nachschub von vier Litern verstauen wir sicher in unseren Rucksäcken. Und die noch verbliebenen restlichen 500ml Schiwasser bereichern unser Trinkangebot.

So gestärkt und voll des Lobes ziehen wir nach 15 Minuten gut gelaunt, trotz des jetzt recht dichten Nebels, weiter. Immerhin sind die Markierungen ausreichend und gut sichtbar. Ich hoffe nur, dass es noch nicht so bald anfängt, zu regnen.

Ein frisches Kreuz als Markierung auf dem Fels mit der Nummer 401 sagt uns, dass wir richtig sind. 20 Meter höher stehen wir vor einem Schneefeld. Eine Steindaube und eine riesige Markierung in Form eines Kreises auf einem Felsbrocken, ähnlich einer Zielscheibe, haben wir neben uns. Allerdings ist auf der anderen Seite nirgends die nächste Markierung zu erkennen. Trotz Nebel können wir die gegenüberliegenden Felsen erkennen.

Jürgen geht suchen. Wir warten derweil geduldig. Das Resultat ist ernüchternd: Keine Markierung zu finden! Das kann doch nicht sein, oder? Wir marschieren alle hinüber und suchen in die verschiedensten Richtungen. Auf der linken Seite geht es steile Felsen hinunter. Auf den anderen Seiten rundum Schnee und oberhalb der Gletscher. Was nun?

Wir kehren zurück auf die andere Seite zu unserer letzten Markierung. Jonathan erinnert sich an einen Pfeil auf einem weiter unten liegenden Felsen. Lutz spekuliert, dass irgendwo eine Weggabelung gewesen sein muss.

Und so diskutieren wir, steigen wieder tiefer zu dem Kreuz auf dem Fels mit der Nummer, suchen in dieser Umgebung, ob wir vielleicht eine Markierung in eine andere Richtung übersehen haben, steigen noch tiefer, nur um resigniert festzustellen: Wir müssen richtig gewesen sein.

Also ziehen wir die schrägen Felsplatten erneut hinauf bis zum Schneefeld, überqueren es und suchen wieder. Jonathan und ich bleiben stehen, weil der Nebel kurzzeitig sehr dicht ist. Mit Rufen verständigen wir uns, aber keiner bringt eine positive Nachricht.

Jürgen und Lutz steigen links vom Schneefeld die Felsstufen hinab und suchen tiefer unten nach einer Markierung. Lutz überquert sogar dort unten das nächste Schneefeld, um auf der anderen Seite eine Markierung zu suchen.

Ich gehe derweil auf dem Schneefeld weiter in die entgegengesetzte Richtung und erreiche wieder herausragende Felsen. Aber auch hier keine Spuren, Dauben oder Anzeichen von Markierungen. Resigniert kehre ich zu Jonathan zurück. Auch die beiden Männer trudeln ein.

Wieder zücken wir die Karte und Lutz ist der Meinung, dass wir uns an dem Abzweig befinden müssen, von dem ein Weg über Fels hinab ins Tal gehen muss. Mit dem Mooshammer Steig, der über den Hochseiler führt, sind wir ja auch noch nicht zusammengestoßen. Und laut Karte kann nur dort der Abzweig sein, der mit der Nummer 431 an den Teufelslöchern vorbei zur Bertgenhütte und hinunter nach Hintertal führt.

Wir diskutieren und streiten, wissen aber im Prinzip gar nicht genau, wo wir sind, laut Karte auf der „Übergossenen Alm", einer großen weißen Fläche, von der ich vermute, dass es der Gletscher ist, den wir beim Anblick vom Herzogstieg aus gesehen hatten und der nun wohl oberhalb von uns sein muss.

Da wir nicht sicher sind, wo überhaupt irgendein Weg weiter geht, taucht ein neuer, weniger erfreulicher Diskussionspunkt auf: Umkehr!

Wie sich Jonathan dazu äußert, muss ich glaube nicht erklären. Den Herzogstieg geht er jedenfalls nicht zurück. Auch ich denke, dass wir ihm das nicht ein zweites Mal zumuten können. Die Nerven liegen blank! Verständlicherweise! Nebel, keine Markierung, kein Handyempfang und die einzige Alternative die bleibt ist: umzukehren. Eine schwere Entscheidung, für uns alle.

Wir reden Jonathan gut zu. Ich eröffne ihm die Aussicht, dass wir, sobald wir Empfang haben, Susanne anrufen, die im Internet ein Taxi von Hintertal oder Maria Alm ausfindig machen wird, dass soweit es der Weg erlaubt, uns von Hintertal entgegenkommen soll, wenn wir die Scharte hinabsteigen.

Es ist 15.00 Uhr. Wir kehren um!

Wir laufen im Nebel. Der Weg hinunter und wieder hinauf bis zum Beginn des Herzogsteigs ist problemlos und geht schneller, als ich erwartet hatte. Unterwegs erkläre ich Jonathan das Leitersteigen nochmal und wie wir es angehen wollen. Außerdem ist der überwiegende Teil Hinuntersteigen, was schneller und nicht so kräftezehrend ist.

Ihn beschäftigt dann allerdings mehr der Gedanke, dass Susanne uns ein Taxi entgegen schicken soll und wie weit es wohl überhaupt bis hinunter ins Tal sei. Das kann ich ihm verständlicherweise nicht beantworten, auch nicht, wie weit überhaupt die Straße öffentlich befahrbar ist.

Den ersten Teil des Klettersteigs meistert er sehr gut. Wir steigen langsam und vorsichtig. Nichts wäre schlimmer, als zu stürzen. Auch Jonathan kennt ja mittlerweile die Bedeutung des Satzes, dass die meisten Unfälle beim Absteigen passieren. So war es ja Opa vorgestern an der Schönfeldspitze widerfahren.

Es ist kurz nach vier. Nebel umhüllt uns. Wir überqueren Geröll. Damit es schneller geht, rutschen wir sogar auf dem Hinterteil steile Schneepassagen hinunter, wenn keine größeren Steine aus dem Geröll ragen. Denn wir wollen ja nichts zu riskieren.

Gerade als es breit und eben über einen Sattel geht, fallen dicke Tropfen und noch ehe wir reagieren können, geht ein Platzregen nieder. Schnell schmeißen wir die Rucksäcke runter, zerren an unseren Überziehern, kramen nach den Regenjacken und versuchen, uns so schnell und so gut wie möglich vor dem Nass zu schützen. Völlig aussichtslos und fast zwecklos, so wie das schüttet.

Als Jürgen seine Jacke anhat und die Kapuze überstreift, rufe ich ihm zu, uns mit einem Schirm Schutz zu bieten, bis auch Jonathan und ich angekleidet sind.

Mir bleibt erspart, meinen Schirm aus dem Rucksack zu kramen, denn gerade, als ich mich dazu entschließe, donnert es laut. Alle hinhocken, das einzige, was uns übrigbleibt.

Und schon zucken Blitze gut sichtbar dicht vor uns durch den Nebel. Die unmittelbar darauffolgenden Donner verkünden nicht nur Jonathan, dass das Gewitter direkt über uns sein muss.

Ich trage schnell das Seil mit den Karabinern und den Schirm noch einige Meter weiter von uns weg. Mittlerweile prasseln nicht nur dicke fette Tropfen auf uns nieder, sondern auch Hagel mischt sich dem Regen bei. So eine ….!

Nach 10 Minuten springt Jürgen entsetzt von seinem Platz auf einem Felsbrocken hoch. Gelächter von Jonathan begleitet seine Aktion. Das Wasser schießt nicht nur in kleinen Rinnsalen neben uns ins Tal, sondern schwillt zu Sturzbächen an und sucht sich genau dort einen Weg, wo Jürgen sitzt. Der Junge verliert auch in dieser Situation nicht den Humor und kann noch über so was lachen.

Jonathan entdeckt überall was Neues und schwatzt ununterbrochen, sicher auch, um seine Angst nicht zu zeigen. Er witzelt mit Lutz, wen wohl als nächstes ein Bächlein erwischt.

Die Sekunden zwischen Blitz und Donner brauchen wir gar nicht zu zählen, weil es dazwischen keine Sekunde gibt. Der Regen wird auch nicht schwächer. Jürgen und ich tauschen sorgenvolle Blicke.

Ganze 25 Minuten dauert dieses Naturschauspiel. Als zwischen Blitz und Donner mehr als fünf Sekunden liegen, schultern wir unsere Rucksäcke. Es tröpfelt nur noch. Der Nebel bleibt. Es hat sich merklich abgekühlt.

Unangenehm fühlen sich die nassen Sachen an, weil selbst das beste Cape oder Regenjacke diesen Wassermassen nur bedingt standhalten konnte. Außerdem waren wir ja bereits nass geworden, ehe wir in unsere Jacken kriechen konnten. Die Schuhe sind nass und fühlen sich innen auch schon feucht an.

Ich weiß nicht, was die anderen denken und meine Gedanken spreche ich nicht aus. So wie hier wird das Wasser überall vom Berg schießen. Was ist, wenn Teile des Weges weggespült sind, vor allem auf dem steilen Geröllfeld auf der anderen Seite. Wie wird es auf dem Schneefeld sein, vor dem wir auf dem Hinweg schon kapituliert sind? Wie wird es sich an nassem Fels klettern lassen. Immerhin liegt ja noch ein beträchtliches Stück

Kletterei vor uns. Fragen über Fragen und Sorgen über Sorgen.

Einige Minuten später, es ist halb fünf, erreichen wir eine Felsspalte, in die wir hinab steigen und mit Hilfe eines Sicherungsseils nach unten klettern müssen. Diese Felskluft war zu einem Canyon geworden, in dem das Wasser nur so zu Tal schießt. Von den Felswänden stoßen unaufhörlich neue Wassermassen dazu. Und am Ende dieser Felsspalte folgt ein ausgespülter steiler Anstieg, gerade nach oben.

Ich kann mich nicht erinnern, ob dort Sicherungen angebracht waren, erkennen kann ich nichts. Aber ich weiß, dass dort keinesfalls das Ende der Kletterei ist. Unmöglich mit Jonathan über das Wasser und auf der anderen Seite am Fels entlang zu kommen.

Jürgen findet keine Möglichkeit, in die Felsspalte hinabzusteigen. Dann versucht es Lutz. Er hat arge Problem, überhaupt erst mal hinab zu kommen. Nun die andere Felswand zu erreichen und am Sicherungsseil entlang zu kommen, wird auch für einen Erwachsenen sehr schwer werden.

Mit großen Schwierigkeiten steigen wir alle erst mal die erste Felsstufe hinunter, die mit einem Eisentritt versehen ist. Ich schaue den Weg hinab und schüttele resigniert den Kopf. Ich sage Jürgen, dass er mein Handy nehmen soll, weil es das einzige ist, bei dem der Akku noch voll ist. Er soll sich auf den Weg machen, um Hilfe zu holen. Ich würde mit Jonathan hier warten. Ich zittere wie Espenlaub, Jonathan nicht weniger. Eiskalte Hände sind nicht gerade geeignet, sich an nassem Fels oder Drahtseilen festzuhalten.

Da einmal ausgesprochen, greift Jonathan diesen Gedanken sofort auf. Ich denke mir, dass er gar nicht begreift, was dieser Vorschlag bedeutet. Sonst würde er ihn nicht befürworten.

Was bedeutet der Satz: Hol Hilfe, wir warten hier? Erst mal müssten die beiden Männer wohlbehalten soweit kommen, dass sie überhaupt Handyempfang hätten. Dann müssten sie die Bergrettung informieren, die sich ihrerseits etwas einfallen lassen muss, wie sie uns aus dieser misslichen Situation holen könnte. Schlimmsten-falls würde es sogar bis morgen dauern. Denn ein Hubschrauber bei dem Wetter? Unmöglich! Zu Fuß bei der Witterung? Und wer weiß, was das Wetter uns noch bescheren würde!

Ein Blick hinunter in den Felsspalt zu Lutz zeigt mir erneut, dass es für Jonathan ein zu großes Risiko birgt, sich dort hinab zu bewegen, denn selbst Lutz hat diese Passage in zehn Minuten noch nicht bewältigt.

Jürgen redet uns zu. Er würde erst die Rucksäcke runter bringen, dann uns holen. Ich bleibe dabei und bitte ihn inständig, endlich abzusteigen, weil uns die Zeit davon rennt. Es wird nicht mehr lange hell sein und dann zu gefährlich, um zu uns zu gelangen. Lutz meckert, dass es Schwachsinn ist. Ich lasse mich gar nicht darauf ein, sondern flehe immer wieder, sie mögen doch endlich losgehen.

Ungeachtet dessen, was die Männer tun, entscheide ich für mich und Jonathan. Wir klettern wieder hinauf. Ich gehe mit ihm zurück an eine geeignete breitere Stelle.

Jürgen ist uns gefolgt und bringt seinen Rucksack, um ihn bei uns zu lassen und ohne Gepäck schneller klettern zu können, was auch immer das bedeuten soll unter diesen Bedingungen.

Ich lasse mir seine Rettungsdecke geben, sage ihm noch mal, wo wir hier sind, damit er möglichst genaue Angaben machen kann. Na klar hat auch er Zweifel, ob dies die richtige Entscheidung ist, aber das habe ich zu verantworten. Wenn dem Jungen beim Abstieg etwas passiert, hat er es zu verantworten.

Auch für mich ist es eine unvorstellbar schlimme Situation, die Bergrettung in Anspruch nehmen zu müssen. Wie wir die Zeit bis dahin überstehen sollen, weiß ich auch nicht. Aber ich weiß, dass wir hier sicher in Rettungsdecken eingehüllt eine bessere Chance haben, unverletzt vom Berg zu kommen, als mit jeder anderen Variante.

Jürgen geht schweren Herzens. Ich versichere ihm, er soll sich um uns keine Sorgen machen. Alles was wir benötigen, haben wir, inklusive Essen und Trinken. Wir stehen das durch und warten geduldig, wenn es sein muss, bis morgen früh. Unsere Hoffnung begleitet ihn.

Ich erkläre Jonathan, was Opa und Lutz jetzt tun werden, was wir jetzt der Reihe nach machen und was eventuell alles geschehen kann. Auch die Frage nach einer Zeitspanne erkläre ich ihm völlig realistisch und nüchtern:

Sollten die beiden Männer sicher auf der Scharte ankommen und nicht telefonieren können, mussten sie weiter hinunter ins Tal. Wie lange das dauern würde? Ich sage, dass durchaus zwei Stunden hingehen können. Dann muss sich die Bergwacht etwas einfallen lassen, was auch wieder Zeit in Anspruch nimmt. Sollte der Nebel aufsteigen, wäre durchaus ein Hubschraubereinsatz denkbar.

Aber ich weiß nicht, wie lange es noch einigerma-
ßen hell bleibt. Und ich weiß nicht, ob in der Dunkelheit ein Hubschrauber eingesetzt werden kann.
Dass eventuell jemand im Dunkeln zu uns hier
herauf klettert, dafür mache ich ihm vorsichtshalber
keine Hoffnung.

Er trägt und erträgt alles mit einer mir un-
vorstellbaren Gelassenheit und ohne murren oder
meckern. Einfach unglaublich, als wären es mal
gerade zehn Minuten bis der nächste Film beginnt.

Während ich in meinem Rucksack krame
und alle möglichen Utensilien zu Tage fördere, von
denen ich mir denke, dass wir sie brauchen können,
höre ich plötzlich Jürgens Stimme energisch und
laut rufen:

„Komm doch mal her!"

Ich drücke Jonathan die Handtücher, die ich gerade
rausgeholt habe, in die Hände und sage:

„Halt mal fest, damit sie nicht nass werden. Das
war Opa. Da ist was passiert."

Ich renne zurück zu dem Einstieg in die Spalte, mit
der Angst im Nacken, dass sich einer der beiden
verletzt hat.

Stattdessen stehen sie da unten und beginnen, auf mich einzureden, ich sollte mit Jonathan
kommen, es würde schon irgendwie gehen. Lutz

schimpft, dass ich so einen Schwachsinn machen will. Was ich mir vorstellen würde, wie lange ich hier sitzen müsste. Ob ich denken würde, dass in einer halben Stunde ne Rettungsmannschaft da wäre? Ich könnte nicht die ganze Nacht mit einem Kind hier auf dem Berg hocken.

Ich schneide ihm weitere Sätze ab und sage, dass sie schon fast unten sein könnten, wenn sie sich gleich auf den Weg gemacht hätten.

„Geht jetzt endlich los, so weit, bis ihr telefonieren und Hilfe holen könnt. Der Rest ist meine Sache."

Jürgen bitte ich inständig, doch vernünftig zu sein. Ich bleibe hier mit Jonathan! Sie machen sich endlich auf den Weg und ich gehe zurück zu Jonathan.

Es ist 17.00 Uhr. Ich suche die Gegend nach einem oder zwei dicht beieinander liegenden geeigneten Sitzplätzen für uns ab. Für Jonathan präpariere ich einen am Hang liegenden, fast geraden Stein. Eine Folietüte soll von unten vor Nässe schützen und das zusammengefaltete Handtuch ihn etwas bequemer sitzen lassen. Wir falten die erste Rettungsdecke auseinander, die er sich umhängt und es sich so eingehüllt auf dem Stein bequem macht, wobei das Wort bequem maßlos übertrieben ist. Seine Füße berühren zwar den Boden, aber stehen schräg zum Hang und ich weiß schon jetzt, dass er so nicht lange sitzen kann.

Jetzt mache ich mich an einen Platz für mich auf dem Stein neben ihm. In Gedanken beschäftige ich mich damit, was ich noch anstellen kann, um uns die Lage zu erleichtern. Ich beschließe, noch mal austreten zu gehen, ehe ich mich in meine Rettungsdecke hülle. Ich sage es Jonathan und er will's auch.

Leider geht das mit Klettergurt schlecht. Also ausziehen. Ich verstaue ihn in meinem Rucksack. Wir benutzen natürlich getrennte Klos, ein bisschen Spaß muss sein. Er nimmt das Linke und ich das Rechte, hinterm Fels, versteht sich.

Dann mummele ich ihn wieder ein. Die Flasche Wasser stelle ich neben mich. Jonathan hat noch keinen Durst.

Wieder erzählen wir von dem glücklichen Umstand, dass wir so viel zu Trinken haben. Zum Essen haben wir für uns auch noch ausreichend, etwas Brot und Wurst. Jonathan fragt, ob wir für morgen früh zum Frühstück noch was Süßes haben. Was für ein Kind! Statt zu jammern oder zu wehklagen betrachtet er die Sache nüchtern und fragt schon nach der nächsten Mahlzeit, die wir eventuell noch morgen hier am Berg einnehmen müssen.

Die nassen Sachen kühlen und ich friere. Er klappert auch mit den Zähnen. Ich sage, wenn es uns nachher langweilig sein sollte, können wir ja ein Klapperkonzert geben. Unter der Decke sind wir zwar windgeschützt, aber warm werden kann man wohl so durchnässt nicht.

Ab und zu lugen wir unter unseren Hauben hervor, um nach dem Nebel zu schauen. Wenn er aufreißt, kann ich bis hinab auf den grünen Sattel sehen. Da er mit dem Rücken zu dieser Seite sitzt, sage ich ihm immer, wenn ich geschaut habe, ob ich die beiden Männer dort unten sehe. Leider kann ich ihm keine positive Nachricht geben. Zu kurz sind die Augenblick, die mir zum Ausspähen bleiben, dann ist wieder alles grau.

Eine Stunde sitzen wir schon hier, da sagt Jonathan, dass er nicht mehr sitzen kann, weil seine Füße so schief stehen. Ich schäle mich aus meiner Umhüllung und platziere ihn etwas seitlich hinter mir auf einem anderen Stein.

So hocken wir weiter und warten. Ab und zu reden wir miteinander. Ich frage ihn, ob ich laut beten darf und er will wissen, was ich da bete. Letztendlich will ich nur, dass er meine Stimme hört und die Zeit vergeht. Zwischendurch befragen wir uns, wie es uns geht. Ich muss ihm erklären, wie eine Rettung mit dem Hubschrauber geschieht, wenn er nicht landen kann. Aber auch ihm erscheint es mittlerweile unwahrscheinlich, dass ein Hubschrauber bei dem Nebel fliegen kann. Ist nur gut so, dass er sich keine falschen Hoffnungen macht.

Wir spekulieren, wie weit Opa schon sein mag, ob er schon anrufen konnte und wie es ihnen wohl geht. Es hat wieder angefangen zu regnen.

Und jetzt geschieht etwas, was ich nicht bedacht hatte. Da wir uns auf unsere Rettungsdecken gesetzt hatten, um alles möglichst dicht zu machen, läuft nun der Regen an der Folie hinab und durchtränkt unsere Handtücher, auf denen wir sitzen. Nicht zu ändern und ich warte geduldig ab, bis die Schauer durch ist. Es war nur Nieselregen gewesen.

Jonathan fragt nach der Uhrzeit und ich sage ihm, dass es kurz nach sieben ist. Anhand der Dunkelheit würde man allerdings neun Uhr schätzen.

Ich stehe erneut auf, um uns bequemere Plätze zu bereiten. Ich hatte die ganze Zeit gegrübelt, wie ich uns auf die Nacht vorbereiten könnte. Wir trinken erst mal ein paar Schlucke.

Ich lege Jürgens Rucksack mit der zu öffnenden Seite auf die Erde, mitten auf den Weg, so dass sich Jonathan auf das gepolsterte Rückenteil setzen kann, das zum Glück noch trocken ist. Seine Decke klemme ich unter den Rucksack, lasse ihn Platz nehmen und wickele den Rest der Decke um ihn herum. So ist er dicht eingehüllt, wieder samt Kopf und Füßen. Die Seiten beschwere ich mit Steinen, damit die Folie nicht im Wind abhebt. Durch sein Basecap hat er ein kleines Vordach, so dass die Folie ihm nicht ins Gesicht hängt, wenn er alles zuzieht.

Dann mache ich mich wieder über meinen Rucksack her. Ich krame das Radio hervor, zwei Rollen Bobons, die Taschenlampe, das Handy und erkläre nebenbei immer, was ich tue, damit er weiß, was geschieht und was da raschelt.

Die Idee mit dem Radio begrüßt er, weil es dann nicht so still ist. Ich nehme auf der gleichen Weise wie Jonathan auf meinem Rucksack Platz, nachdem ich die Folie untergeklemmt habe. Jetzt ordne ich erst mal alle Dinge. Die Taschenlampe und die Bonbons stecke ich in die linke Jackentasche, das Handy in die andere. Kein Empfang! Ich schalte das Radio ein, suche einen passenden Sender und platziere es neben meinen Füßen, damit es mit im Trocknen liegt. Die Flasche stelle ich rechts von mir, so dass ich sie problemlos erreichen kann, alles immer mit den Erklärungen für Jonathan.

Dann hülle ich mich ein, was allein gar nicht so einfach ist.

Da ich eine größere Fläche biete, reicht meine Folie zwar rundum, aber vorn kann ich sie nur ca. 10cm übereinander schlagen und muss sie immer mit einer Hand zuhalten. Auf die äußeren Zipfel trete ich mit den Füßen und beschwere meine Folie von innen mit Steinen. Zu allem Übel stört die beschichtete Folie wohl den Radio-empfang. Ich suche einen anderen Sender und lege das Radio so, dass die Antenne unter meiner Umhüllung hervorragt und der Empfang gesichert ist.

Wenn ich beide Hände zum Hantieren brauche, flattert mir immer die Rettungsdecke auf und kalter Wind lässt mich kurzzeitig fühlen, wie unangenehm es jetzt ohne Folie wäre. Dann komme auch ich zur Ruhe.

Es fängt wieder an zu regnen, diesmal stärker. Wind kommt auf und zerrt an unseren Hüllen. Da wir beide bis über die Ohren eingemummt sind, sehen wir natürlich nicht, was der andere tut. So fragen wir uns gegenseitig, ob es der Wind ist, der raschelt, oder ob der andere grad umherwuselt.

Es ist 19.30 Uhr und am Wetter ändert sich nichts. Ganz kurzzeitig reißt immer mal der Nebel auf, ansonsten ist es recht finster.

Jonathan fragt mich, was ist, wenn wer kommt. Ich sage, dass eine Gämse, die hier lang kommt, dumm gucken und sich ganz schön über die goldenen Haufen hier auf dem Weg wundern würde und sicher erschreckt die Flucht ergreifen wird. Da wir gestern schon geklärt hatten, dass es keinen Yeti gibt, kann der also auch nicht hier erscheinen. Dass andere Wanderer bei dem Wetter hier vorbei kommen, ist eher unwahrscheinlich. Und wenn jemand kommt, um uns zu holen, können sie uns nicht verfehlen und vor denen brauchen wir uns ja nicht zu fürchten. Alles geklärt!

So plätschert unsere Unterhaltung dahin. Jonathan stellt immer mal wieder Fragen nach dem Wetter und ob ich glaube, dass Opa jetzt schon angerufen hat. Ich denke schon, sage ich ihm, erkläre aber trotzdem, dass es auch sein kann, dass sie sich noch nicht im Empfangsbereich eines Senders befinden. Auf jeden Fall macht sich Opa Sorgen um uns und wird alles in Bewegung setzen, darauf können wir uns verlassen. So spreche ich, um ihm Mut zu machen, weiß aber genau, dass dieser Zuspruch nicht nur für ihn ist.

Ich bin glücklich, dass ich Jonathan noch vor dem Urlaub im Alpenverein angemeldet hatte und sage ihm das auch.

Mir tut der Rücken im Kreuzbeinbereich und in der Nierengegend weh. Ich umklammere abwechselnd meine Beine in Höhe der Knie, dann immer tiefer, um so Stück für Stück zu erwärmen, was natürlich ein sinnloses Unterfangen ist. Die Hosenbeine sind noch feucht und kühlen zunächst. Unglücklicherweise habe ich ja immer nur eine Hand zur Verfügung. Außerdem birgt diese Folie natürlich noch einen Nachteil. Durch die Atemluft bildet sich innen Schwitzwasser, das in die Kleidung dringt, wo die Folie anliegt. Prost Mahlzeit. Ich sage es Jonathan vorsichtshalber nicht und er hat es scheinbar noch nicht festgestellt.

Am liebsten würde ich fluchen, aber das geht nicht. Ich sage Jonathan, dass ich aufstehe, um aus meinem Rucksack eine Tablette gegen Rückenschmerzen hervor zu holen. Gut, dass ich fast alles in wasserdichten Tüten habe.

Ich setze mich wieder, nehme eine Tablette, stecke das Kärtchen mit noch fünf Tabletten in meine Jackeninnentasche und zerre meine Folie über mich. Ein positiver Gedanke. Vielleicht kann ich das Sitzen so aushalten, wenn die Tablette wirkt. Alles ist klamm.

Dann sagt Jonathan, dass ihm der Hintern weht tut vom Sitzen. Ich schlage vor, dass er immer mal wieder auf dem Rucksack vor und zurück rutschen soll. Als er das tut, rutscht seine Decke unter dem Rucksack hervor und er bittet mich um Hilfe. Erneut befreie ich mich, befestige meine Plane, damit sie der Wind nicht fortzerren kann und packe ihn wieder ein.

20.00 Uhr – Nachrichten. Zumindest melden sie es noch nicht in den Schlagzeilen, dass zwei Wanderer am Berg festhängen. Ob das nun besorgniserregend oder beruhigend ist, sei mal dahingestellt. Der Wetterbericht kündet weitere Regenfälle an, dort wo sie hinkommen. Die nächtlichen Temperaturen sollen bis auf 10°C sinken. Nun, keine Temperatur, bei der man erfriert. Das beruhigt mich etwas. Ich hoffe nur, dass kein Gewitter mehr kommt. Denn ich weiß nicht, ob wir dann unter der Folie hocken bleiben können oder ob sie den Blitz anzieht. Das muss ich dringend vor der nächsten Bergtour klären.

Wir können sogar über die Vorstellung lachen, was morgen wohl in der Zeitung steht: „Großmutter musste mit ihrem Enkel aus Bergnot gerettet werden." Wie sich das anhört?

Ich frage Jonathan, ob wir ein bisschen hier auf dem Weg rumlaufen wollen, um unseren Kreislauf wieder in Schwung zu bringen und dadurch vielleicht ein wenig warm werden. Ob das wirklich gelingen würde, bezweifle ich, weil ich vor Kälte schon ganz steif bin. Er verneint und ich weiß nicht, ob ich mich darüber freuen soll, dass mir jetzt die Joggingrunde am Berg erspart bleibt. Sinnvoller wäre es auf alle Fälle, sich zwischendurch mal zu bewegen. Wir legen fest, dass wir das später tun werden.

Unsere Unterhaltungen beschränken sich auf kurze Sätze:

„Oma, bist du noch da?"

„Ja, Jonathan. Geht es dir gut?"

„Ja, dir auch?"

„Ja. Frierst du?"

„Nein."

Oder:

„Oma, was machst du?"

„Ich habe meinen Kopf auf die Beine gelegt und habe die Augen zu."

„Ach so."

Oder:

„Jonathan, bist du noch da?"

„Ja."

„Eigentlich eine blöde Frage. Wo solltest du wohl hin sein, oder!"

Er lacht!

„Bist du müde?"

„Nein."

„Geht's dir gut?"

„Ja."

Alle drei bis vier Minuten fragt einer von uns beiden den anderen so oder in ähnlicher Weise. Dann merke ich, dass er nicht antwortet und lausche. Er atmet tief, also ist er eingenickt. Ich warte und überlege zum x-ten Male, wie lange ich so sitzen, oder besser gesagt, so hocken kann. Mein Basecap ist nass und stört, wenn ich meinen Kopf auf die Arme oder die Knie legen will. Dass die Tablette merklich wirkt, kann ich nicht sagen.

Plötzlich schreckt Jonathan hoch und ruft: „Oma?"

„Ich bin noch da, Jonathan. Ich sitze neben dir. Du bist kurz eingenickt und hast geschlafen."

„Ach so!"

„Oma ist auch müde und hat die Augen meistens zu."

„Ist gut."

Auch ich ändere öfter mal meine Position, nicht ohne es Jonathan zu sagen, was ich tue. Ich fordere ihn auch immer mal wieder auf, sich anders zu setzen, aber er sagt, dass es geht. Manchmal wird mein Atem schneller und tiefere Atemzüge machen mich aufmerksam, dass es wohl an Sauerstoff mangelt.

Ich frage Jonathan, ob er seine Plane richtig zu gezurrt hat. Denn ein Gedanke durchzuckt mich, als ich diese Tatsache erkenne. Ich trage ihm auf, ab und zu einen Spalt breit die Folie auf zu machen, um nach dem Wetter zu schauen, dann müsste ich es nicht immer tun. Ich will ihm den wahren Grund nicht sagen, damit er keine Angst bekommt. Eine Horrorvorstellung: Wenn er die Folie zu dicht um sich zieht und kein oder zu wenig Sauerstoff hineinkommt, kann es durchaus passieren, dass er dadurch einschläft und vielleicht nicht wieder aufwacht. Mit einer Folientüte überm Kopf war ein 13 jähriger Junge in unserem Dorf erstickt. Mich beschleicht der Verdacht, dass diese Decke einen ähnlichen Effekt bewirken könnte. Mir wird klar, dass ich nicht einschlafen darf, um ihn immer wieder zu erinnern, dass er frische Luft in sein Zelt lässt und um bei mir dasselbe zu tun.

Jonathan bittet um Trinken. Ich reiche ihm die Flasche und trinke anschließend selbst. Ich frage ihn, ob er schon Hunger hat, aber er verneint. Insgeheim bin ich froh. So muss ich mich nicht erheben. Dabei checken wir beide noch mal die Wetterlage. Keine Sicht, fast dunkel und momentan recht windstill. Wir pflegen weiter unsere Unterhaltungen, alle paar Minuten, damit wir vom anderen wissen, dass alles in Ordnung ist.

Mittlerweile ist es neun Uhr durch. In meine Gedanken, die sich um das Wetter, um die Nacht und die morgendliche Rettungsaktion drehen, dringt ein menschlicher Laut. Ich halte es für eine Sinnestäuschung. Trotzdem sage ich Jonathan, dass ich wieder ein bisschen umher wusele und raschele, damit er sich nicht erschreckt. Ich stecke den Kopf aus meiner Vermummung und zurre die Folie fest um meinen Hals, damit ich nicht kalt werde.

Es ist windstill. Da, was war das? Das hörte sich wieder an wie eine Stimme. Schließlich konnte es doch sein, dass Jürgen und Lutz zurückkamen, um uns nicht allein in der Nacht zu lassen, so denke ich und lausche angestrengt.

Eine Ewigkeit später dringt leise so etwas wie ein ‚Hallo‘ aus weiter Ferne an mein Ohr. Ich sage Jonathan, er soll sich nicht erschrecken, weil ich laut rufen will. Aber ich mache ihm noch nicht allzu große Hoffnung, sondern sage nur, dass es mir so vorkam, als hätte ich was gehört.

Laut schreie ich mehrmals ein lang gezogenes ‚Hallo' in die Nacht. Nichts geschieht. Jonathan fragt:

„Hörst du was, Oma?"

„Nein, war sicher meine Spinneritis. Hab schon Halluzinationen!"

Er lacht über diese Krankheit, die wir schon mehrmals hatten, vor allem heute Mittag, als alle damit angaben, was sie heute nach Ankunft im Matrashaus alles essen und trinken wollten. Das Wort hatte ihm gefallen, darum habe ich es benutzt. War gut so, denn wenn man so schon nichts zu lachen hat!

Da, wieder! Was war das? War das wieder ein ‚Hallo'? Ich rufe erneut mehrmals hintereinander, nicht ohne Vorwarnung. Da steckt auch Jonathan den Kopf aus seiner Decke. Ich sage ihm, er soll sie schön zuziehen und mit mir lauschen.

Und dann kommt ein deutliches und gut hörbares ‚Hallo' aus der Dunkelheit, von links und weit unter uns. Ich rufe erneut mehrmals und ein deutliches „Hallo" kommt zurück. Dann können

wir hören, dass sich Männerstimmen unterhalten, noch weit weg, aber immerhin.
„Jonathan, jetzt kommt wer."

Meine Freude steckt ihn an und er ruft nun auch laut. Dann lauschen wir wieder in die Nacht.

Plötzlich entdecken wir einen Lichtschein im Dunkel und ich vermute, dass er unten von der Felsenecke kommt, um die Jürgen und Lutz verschwunden waren. Vor lauter Freude vergesse ich das Wichtigste und Jonathan erinnert mich daran:
„Oma, leuchte mit meiner Taschenlampe!"
Schnell hole ich sie hervor und leuchte. Als Antwort vernehmen wir deutlich:
„Wir sehen euer Licht! Wie geht es euch?"
Ich antworte, dass wir beide wohlauf und unverletzt sind. Die Stimme antwortet:
„Wir holen euch. Wir sind gleich bei euch!"

Ich hatte zwar vermutet, dass die Bergrettung auch mit Lampen in der Dunkelheit sucht, aber nicht zu hoffen gewagt, dass es wirklich passiert. Vor allem hatte ich es vermieden, Jonathan damit einen Floh ins Ohr zu setzen.

Und nun ist die Freude groß. Er jubelt mit mir. Tränen rinnen über mein Gesicht, als ich ihm sage, dass sie uns gefunden haben und dass wir uns jetzt keine Sorgen mehr machen müssen. Er hört es an meiner Stimme und fragt:

„Oma? Weinst du?"

„Ja, aber weil ich mich freue, dass sie kommen."

„Dann sind das ja Freudentränen!"

Ach Gott, was sagt man zu so einem Kind? Er benimmt sich gefasster und couragierter als mancher Erwachsener in dieser so misslichen Lage. Allerdings glaube ich zu sehen, dass auch er feuchte Wimpern hat. Ich sage zu ihm:

„Jonathan, ich verrate dir jetzt ein Geheimnis. Ich hatte ganz, ganz große Angst um dich und um mich. Ich hab's dir nur nicht gesagt."

Er wird einer Antwort enthoben, weil gerade in dem Moment die Lampen der Männer ganz in unserer Nähe auftauchen. Wir schauen in die Richtung und dann kommen plötzlich Männer auf uns zu und der Erste ruft freundlich:

„Grüße Gott, schön dass wir euch gefunden haben. Seid's wohlauf?"

„Sie schickt der Himmel!" ist mein erster Satz und schon scharen sich unzählige Männer um uns. Wir befreien uns aus unseren Umhüllungen, stehen auf, schütteln Hände, die sich uns entgegenstrecken, nennen unsere Namen und hören die unserer Retter. Aber ich kann mir keinen merken.

Sie fragen alles Mögliche durcheinander. Das Wichtigste für sie ist, dass es uns gut geht und wir unverletzt sind. Plötzlich zwängt sich ein Hund zwischen unseren Beinen durch. Ein Hund? Das ist kaum zu glauben! Der ist den Klettersteig hoch? Ich hatte zwar vorhin in der Dunkelheit ganz kurz so etwas wie das Winseln eines Hundes vernommen, es aber für unmöglich gehalten und nicht weiter erwähnt. Jonathan staunt nicht schlecht und muss ihn gleich erst mal graulen.

Ein Mann fragt, ob wir Durst haben, aber ich erkläre ihnen, dass wir bestens eingerichtet waren. Schließlich hatten wir uns auf eine lange Nacht eingerichtet.

Wir sollen trotzdem trinken und ein Mann reicht uns seine Flasche mit lauwarmer Flüssigkeit. Nun gut, heißer Kaffee wäre mir lieber gewesen, aber das ist jetzt nicht wichtig.

Eine Stimme fragt knisternd durch ein Funkgerät nach dem Stand der Dinge und ein Bergretter antwortet, dass sie die zwei vermissten Personen wohlbehalten, nur durchfroren, gefunden haben.

Bei dem Wort „Vermissten" rinnen mir wieder die Tränen, weil dieses Wort die ganze Tragweite unserer Situation deutlich macht.

Den Wortwechseln entnehme ich, dass sie Vorkehrungen zum Abstieg mit uns treffen. Sie klären, wer wem einen Klettergurt gibt. Ich lasse mich anziehen und als Jonathan dran kommt, sagt er selbstbewusst und stolz:

„Ich habe einen eigenen! Hat mir mein Opa gekauft."

Na, da staunen sie nicht schlecht und loben uns, dass wir so gut ausgerüstet sind. Ich gebe Anweisung, in welchem Rucksack sich sein Gurt befindet und flink hilft man ihm hinein. Obendrein bekommt er noch eine dicke Jacke von dem Mann neben ihm, damit es ihm wärmer wird.

Ich zittere wie Espenlaub, möchte aber nicht untätig rum stehen. Jonathan unterhält den neben sich stehenden Bergretter und erzählt ihm alles, was uns passiert war. Ich suche derweil unsere Utensilien zusammen, verstaue alles, was ich in meinen Taschen habe, samt Radio im Rucksack und klemme als Letztes die geknüllten Planen unter den Rucksackdeckel. Ich zurre meine Stöcke fest und stecke den Überzieher in die Seitentasche.

Ich sage, dass wir drei Rucksäcke haben, aber das scheint kein Problem. Sie sind zu sechst und klären kurzerhand, wer was trägt und wer wen ans Seil nimmt.

Wir bilden eine lange Seilschaft von fünf Leuten. Jonathan zeigt keinerlei Angst vor dem Abstieg und auch ich habe keine Bedenken, dass uns etwas zustößt. Jetzt kann nicht mehr viel passieren, da sie mit Sicherheit ihr Handwerk verstehen. Sie schultern unsere Rucksäcke trotz ihrer eigenen.

Leider muss Jonathan seinen Stock zurücklassen, den er gleich zu Beginn unserer Wandertour gefunden und mit dem er die ganze Zeit gewandert war. Ich verspreche ihm, bei seiner nächsten Wanderung wieder einen zu suchen.

Ich kann nicht umhin, auf die Uhr zu sehen. Es ist 21.40 Uhr als wir starten. Immer wieder die Fragen, ob es uns gut geht und ob wir uns in der Lage fühlen, abzusteigen. Ich frage, wohin und wie weit dass es ist. Wir steigen ab nach Hintertal, ungefähr 2 bis 2,5 Stunden. Mir verschlägt es fast die Sprache.

Zwei Männer gehen ohne Seil mit dem Hund vorweg. Einer geht vor Jonathan und einer hinter ihm. Danach gehe ich und werde von dem Mann hinter mir gesichert. Den Schluss bildet ein Mann, der, glaube ich, nicht angeseilt ist. Aber das kann ich gar nicht mit Sicherheit sagen.

Die Männer leuchten mit ihren Stirnlampen die Felsen an, so dass wir sehen, wohin wir treten müssen. Der Mann hinter mir lässt sich noch eine Handlampe reichen, um mir damit noch besser leuchten zu können.

Wir bewegen uns sehr langsam. Der Mann vor Jonathan sagt ihm, wo er hintreten soll und der hinter ihm gehende Bergretter unterstützt ihn bei schwierigen Schritten. Mir geht es gut und ich bewege mich erstaunlicherweise trotz zittrigen Knien sehr sicher. Das Wasser unter uns ist bereits weniger geworden, rauscht aber immer noch gefährlich laut.

Nach und nach wird mir warm und Jonathan höre ich immer im Gespräch mit seinen Begleitern. Er hat durch diesen doppelten Schutz keine Probleme am Fels. Auch das Schotterfeld ist kein Problem für uns. Nur am Schneefeld bleiben wir stehen und es wird aus Sicherheitsgründen zusätzlich ein Seil gespannt, damit auch hier nichts passieren kann.

Danach werden wir vom Seil genommen. Noch vier weitere Männer stehen hier und erwarten uns. Erneut Händeschütteln, Namen nennen und Fragen beantworten. Für uns werden noch Stirnlampen ausgepackt und aufgesetzt.

Der Hund schleicht um unsere Beine. Auch er hat am Hansband ein Licht. Im Dunkeln leuchten seine Augen grün, fast unheimlich.

Ich erkläre Jonathan, dass wir jetzt hinab nach Hintertal laufen, sage aber nicht, wie weit das ist. Und er fragt nicht.

Es ist 22.10 Uhr, als wir den Weg ins Tal antreten. Aber auch für unsere Retter gestaltet sich die Wegsuche im Nebel schwierig. Wir sind auf dem Grasabhang.

In das Stimmengewirr der Unterhaltungen fragt einer, wo denn die Markierungen sind. Sie schwärmen aus und suchen. Sie dirigieren sich untereinander, schwenken weiter rechts hinüber und suchen.

Plötzlich habe ich einen Stein vor mir mit einem gelben Strich, was ich laut sage. Na dann sind wir noch richtig, bekomme ich zur Antwort und kurz darauf findet einer tatsächlich die rotweiße Markierung und weiter geht's auf dem richtigen Weg. Dann beginnen die Serpentinen, die wir heute Mittag gesehen hatten.

In endlosen Kehren steigen wir hinab. Der Weg ist oftmals schwierig zu gehen, weil nass und ausgespült. Einer der Männer fragt plötzlich, ob wir

Stöcke nehmen wollen und will sofort welche für uns organisieren. Ich sage, ich nehme meine, weil ich sie bei dem ersten sehe, der übrigens meinen Rucksack aufhat. Schon habe ich sie vom Klettverschluss gelöst, aber es ist mir unmöglich, mit meinen kalten Händen die Größe zu verstellen. Ich bitte den, der mir am nächsten steht, dies für mich zu tun. Derweil bekommt Jonathan Stöcke angeboten, nimmt aber nur einen.

Ich gehe hinter Jonathan. Der vor ihm gehende Mann unterhält sich ab und zu mit ihm. Er zeigt ihm Salamander und setzt sie ins Gras, damit sie nicht zertreten werden. Danach hat Jonathan eine Aufgabe. Aufmerksam schaut er auf seinen Weg, schiebt auch so manches Tier zur Seite oder zeigt mir einen am Wegesrand, damit ich nicht drauf trete.

Von Zeit zu Zeit unterhalte ich mich mit dem Mann hinter mir, nachdem er mich gefragt hatte, ob wir oft ins Gebirge gehen? Daraufhin erzähle ich ihm, dass wir einen Kletterkurs absolviert haben und bisher viel in den Berchtesgadener Alpen unterwegs waren. Er sagt mir, dass er das an meiner Trittsicherheit gemerkt habe. Seine Frage bestärkt meine Vermutung, dass sie sicher glauben, dass sie wieder mal so Luftschnapper vom Berg holen mussten, die leichtsinnig gehandelt hatten.

Ich erzähle ihm, wie wir heute gegangen waren, an welcher Stelle wir keine Markierungen mehr gefunden hatten und wann wir umgekehrt waren. Ich erkläre ihm auch, was mich zu meiner Entscheidung bewogen hatte, am Berg zu bleiben, statt das Leben unseres Enkels zu gefährden. Er versichert mir, dass wir genau das Richtige getan hatten und auch gut ausgerüstet gewesen seien.

Es wäre für mich unerträglich, wenn man über uns sagen würde, dass wir leichtsinnig gewesen sind. Sicherlich in dem Punkt, dass wir um 11.30 Uhr, entgegen unserem Vorhaben, nicht hinunter nach Hintertal abgestiegen waren. Immerhin zogen da schon Wolken auf. Aber wir sind schon so oft im Gebirge unterwegs gewesen, auch bei schlechtem Wetter. Wenn man eine Rundtour geplant hat, muss man weiterziehen, kann maximal einen Tag abwarten. Da für Dienstag schlechtes Wetter angesagt gewesen war, hatten wir den Tag schon als Ruhetag im Riemannhaus eingeplant und das hatte sich als gute Entscheidung herausgestellt. In der Biwakschachtel hatten wir auch Radio gehört, aber an welchem Alpenrand regnet es nun und wieviel Uhr ist nachmittags?

Ich schiebe diese Gedanken beiseite und zähle noch weitere Gipfel und Gebirge auf, die wir besucht hatten, erzähle auch von unseren Fernwanderwegen rund um Mount Blanc, Großglockner und Monte Rosa. Meistens laufen wir aber ohne Unterhaltung, weil wir uns auf den Weg konzentrieren müssen. Dann, irgendwann, nach unendlich langer Zeit, stellt Jonathan die unvermeidliche Frage:

„Wie weit ist es noch?"

Einer der Männer antwortet, dass es ungefähr noch eine halbe Stunde ist. Wir bleiben stehen und sollen nochmal trinken. Jonathan bekommt einen Früchteriegel, den er nebenbei knabbern kann.

Dann geht's weiter. Ich vermeide es, auf meine Uhr zu schauen, denn der Blick ins Tal zeigt mir, wie weit die Lichter von Hintertal noch entfernt sind, vor allem wie weit unten im Tal. Sind wir denn nicht schon lange genug abgestiegen? Das verkraftet kein Mensch, erst recht nicht ein Kind von 10 Jahren.

Jonathan tut mir leid und ich versuche, ihn immer wieder aufzumuntern. Als er erneut fragt, wie weit es noch ist, zeigt ihm der Mann vor ihm Lichter, tief unter uns und sagt, dass dort Autos stehen, die auf uns warten. Er denkt, er macht ihm eine Freude mit dieser Nachricht. Das wäre es auch

tatsächlich, wenn wir näher dran wären. Nicht nur ich bin enttäuscht, sondern auch Jonathan und ich höre es an seiner Stimme, als er sagt:
„So weit noch?"

Wie soll ich ihn trösten, wenn ich selbst Trost gebrauchen könnte. Meine Hose und Schuhe waren während der Wanderung trocken geworden. Jetzt werden sie wieder patschnass vom Gras und Gebüsch, das den schmalen Weg säumt. Ab und an bleibt der Mann vor Jonathan stehen, um ihn zu warnen, dass ihm nicht Büsche ins Gesicht schlagen.

Doch auch das geht vorbei. Auf den letzten Metern stolpern wir über Kuhkacke oder versuchen drumherum zu balancieren.

Endlich angekommen, schütteln wir auch hier Hände und hören Namen. Es ist 23.45 Uhr. Ein Mann fragt, ob er ein Foto fürs Archiv machen darf. Natürlich, wir versuchen krampfhaft, zu lächeln. Grund genug haben wir ja jetzt, aber so erschöpft wie wir sind, fällt es eben schwer.

Dann nehmen wir die drei Autos, von denen ich zwei als Landrover bezeichnen würde, in Beschlag. Die Rucksäcke und Stöcke wandern ins Heck hinter die Sitze. Fünfzehn Männer und zwei

‚Vermisste' quetschen sich in die Autos. Wir sitzen zu viert auf der Rückbank des letzten Wangens und sind einfach nur glücklich, dass wir nicht mehr laufen müssen. Jetzt wird alles gut!

Unterwegs hatte man mir schon gesagt, dass für Quartier gesorgt ist. Ich habe nicht gefragt, was und wo, weil es letztendlich egal ist. Jetzt war ich nun doch gespannt und auch, was der eine Mann mit der „Brettljausn" gemeint hatte. Sicherlich würden wir auch noch was zu Essen bekommen.

Es wird eine beeindruckende Fahrt, auch für Jonathan. Die Autos waren ohne Straße noch ein beträchtliches Stück auf der Wiese zu uns hinaufgekommen. Und nun geht's auf ihr hinab, den Lichtern entgegen. Wir werden durch-geschüttelt, obwohl die Autos recht langsam fahren. Wir scheuchen Kühe auf, die aus Protest neben uns herlaufen.

Eine Kuh läuft und läuft vor dem vor uns fahrenden Auto her, bis sie kurz anhält. Während dieses Auto die Kuh passiert, setzt sie sich vor uns wieder in Bewegung und die Jagd geht weiter. Unser Fahrer gibt sich alle Mühe, ihr Möglichkeiten zu bieten, dass sie ausweichen kann, aber sie tut es nicht. Er bleibt stehen, sie auch. Er fährt los, sie läuft los, immer vor uns. Das Spiel wiederholt sich mehrmals, bis sich unserem Fahrer eine Möglichkeit bietet, nach rechts auszuweichen. Er hält an und Sekunden später bleibt die Kuh stehen. Sofort setzt sich unser Fahrzeug wieder in Bewegung, weicht noch weiter nach rechts aus und beschleunigt. Jetzt endlich sind wir an ihr vorbei und die Kuh klotzt uns nach. Endlich! Dieses Wettrennen einer Kuh mit einem Auto war so lustig, dass Jonathan vergnügt darüber erzählt.

Dann fragt er mich, ob wir auch noch was zu Essen kriegen und ich sage, dass uns Opa bestimmt was aufgehoben hat. Er wird uns Brote geschmiert haben. Diese Enttäuschung in Jonathans Stimme, als er sagt:

„Aber ich will kein Brot", öffnet wieder meine Tränenschleuse. Ich versuche ihm zu erklären, dass es nach Mitternacht ist und dass es in keiner Gaststätte um diese Zeit mehr warmes Essen gibt. Insgeheim hoffe ich doch, dass sie ihm noch was machen.

Endlich erreichen wir so was wie eine Straße. Aber Feldweg wäre dafür die bessere Bezeichnung.

Es geht durch Senken und Wasserläufe, immer in Serpentinen weiter hinunter bergab. Manchmal kippt das Auto bedrohlich zur Seite. Echte Fahrkünste sind hier gefragt, immer im ersten Gang. Plötzlich bleibt das Auto vor uns stehen. Der Beifahrer steigt aus, um eine Schranke hinter uns zu schließen, die wir gar nicht bemerkt hatten. Jonathan auch nicht, weil er nachfragt, was los ist. Der Fahrer erklärt uns, dass wir die Kuhweide verlassen, die mit einer Schranke gesichert ist. Dann setzt sich unser Konvoi wieder in Bewegung. Die Lichter kommen jetzt zügig näher und näher. Und dann sind wir in Hintertal.

Wir halten vor einem hell erleuchteten großen Gasthaus. Jonathan erkennt sofort Opa hinter einem Fenster am Tisch sitzend. Es ist 0.15 Uhr, also sind wir geschlagene 25 Minuten gefahren. Wie gut, dass wir das nicht auch noch laufen mussten.

Steif vom gequetschten Sitzen und kaputt vom Laufen und den Strapazen des heutigen Tages krabbele ich aus dem Wagen. Ich frage die Männer, ob sie noch mit rein kommen und sie bejahen. Ich nehme meinen Rucksack entgegen und schultere ihn. Ich frage nach dem von meinem Mann. Stattdessen bekomme ich erst mal Jonathan seinen Rucksack, den ich ihm weiter reiche. Dann habe ich auch Jürgens Rucksack. Trotzdem bleibe ich stehen und warte und frage nach meinem, aber es ist keiner mehr da. Plötzlich wird mir bewusst, dass ich ihn schon auf dem Rücken habe und sage das auch noch laut. Nun habe ich die Lacher auf meiner Seite.

Wir marschieren hinein. Jürgen kommt mir entgegen. Wir liegen uns in den Armen und ich heule. Dann drückt er Jonathan und ich drücke Lutz. Endlich angekommen! Wir sind glücklich, ohne große Worte zu wechseln. Jeder empfindet dieses wohlbehaltene Wiedersehen auf seine Weise.

Fünfzehn Männer, unsere Helden, sitzen an zwei Tischen und wir vier Geretteten glücklich am Nebentisch. Es gibt die bereits erwähnte „Brettljausn", Wurst und Käseplatten für jeden Tisch, dazu ausreichend Brot und Getränke für alle.

Ich bestelle mir als erstes ein Kännchen Kaffee und Jonathan ein großes Glas Sprite. Jürgen muss auf Jonathans Bitte hin fragen, ob noch etwas Warmes für ihn zu haben ist, aber leider nein. Natürlich ist er enttäuscht. Lustlos kaut er an einer halben Scheibe Brot mit Wurst. Er darf noch ein großes Glas Sprite trinken.

Lutz erzählt uns beiden, dass sogar sein Auto schon wieder hier ist. Aber das sei eine eigene Geschichte, sagt er schmunzelnd. Die Unterkunft war mit mehreren Telefonaten auch von der Bergrettung organisiert worden.

Die Rettungskette hatte funktioniert!

Ich lasse mir von Lutz seinen Fotoapparat geben, weil meiner im Rucksack verstaut war. Ich bedanke mich mit zittriger Stimme noch mal bei den Männern für unsere Rettung und frage, ob ich sie fotografieren darf.

Als sie dann einzeln gehen, verabschieden wir uns noch einmal per Handschlag von jedem. Jürgen sagt den Wirtsleuten, dass wir die Kosten für Essen und Trinken übernehmen. Dann verabschieden auch wir uns todmüde von den wenigen Männern, die noch fachsimpelnd vor ihrem Bier sitzen und werden von der Juniorchefin zuerst in den Keller gebracht, damit unsere nassen Wanderschuhe bis morgen trocknen können.

Danach schleppen wir uns hinter ihr her die Treppen hinauf in den zweiten Stock. Für die Architektur des Hotels habe ich jetzt keine Muse mehr.

Wir bekommen zwei tolle Doppelzimmer zugewiesen. Lutz und Jürgen beziehen ein Zimmer,

Jonathan und ich das andere. Welch eine Luxussuite! Wohnliche Sitzecke, herrliche Betten, ein tolles Badezimmer und alles wohlig warm. Ohne Hunger und Durst unter eine kuschlige Decke kriechen können, was will man mehr? Besonders wir beide wissen dies zu schätzen!

Mittlerweile ist es kurz vor zwei Uhr. Wir gehen nur zur Toilette, streifen unsere Klamotten runter, genießen eine kurze Katzenwäsche, die sich lediglich auf Gesicht und Hände beschränkt. Selbst dieses tolle Bad reizt mich nicht zu mehr Aktivität. Ich krame für die Nacht trockene Sachen aus unseren Rucksäcken. Und dann kuscheln wir uns in unsere Betten. Ich sage schwärmerisch:
„Jonathan. Wir müssen nicht mehr frierend auf unseren Rucksäcken unter der Plane hocken. Wir kuscheln uns jetzt schön in ein weiches Bett. Das ist toll!"
„Ja, Oma."
„Gute Nacht, Jonathan. Schlaf gut!"
„Ja, Oma."

Dann war Ruhe. Zumindest neben mir. In meinem Kopf schwirren die Gedanken durcheinander…
Nicht auszudenken, wenn Jonathan oder jemand von uns abgestürzt wäre, wenn die Retter nicht

auch bei einbrechender Dunkelheit ausgerückt wären und ich noch immer mit ihm dort oben auf dem Weg sitzen würde...

Was für ein Tag!

Dritter Teil

Was in der Zwischenzeit geschah!

Diese ganzen Geschehnisse konnte ich erst hinterher vollständig zusammentragen, wie ein Puzzel zusammensetzen und in die richtige Reihenfolge bringen, weil es ja nicht nur Jürgen und Lutz betraf, sondern diese ganze Aktion über Ländergrenzen hinweg seine Kreise gezogen hatte.

Die beiden Männer hatten sich um 17.00 Uhr, sicherlich schweren Herzens, auf den Weg gemacht. Uns beide, eine Frau und ein Kind, allein am Berg zurückzulassen, war sicher nicht einfach. Denn wann, wie und wo sie uns wieder sehen würden, konnte keiner ahnen.

Der Abstieg war beschwerlich und ging langsam voran. Sie mussten bei den nassen Felsen sehr vorsichtig sein, damit ihnen nichts passierte. Immerhin trugen sie unsere Hoffnungen auf Rettung mit sich. Was ihnen dabei so alles durch den Kopf gegangen sein mag, möchte ich nicht spekulieren und das konnte im Nachhinein auch keiner der beiden mehr genau sagen. Sie hatten jedenfalls Angst, dass es noch mal gewittern und noch mehr regnen würde.

Das Geröllfeld und das anschließende Schneefeld passierten sie sehr gut und fast problemlos. Ist ja wesentlich einfacher, wenn man nur auf sich gestellt ist und sein eigenes Handeln verantworten muss.

Auf dem grünen Hügel angekommen, stiegen sie gleich noch tiefer hinab bis zum Strommasten, der ihnen als Orientierungspunkt diente.

Es hatte wieder begonnen zu regnen und der Nebel war dichter geworden. Ständig schaute Jürgen aufs Telefon und als er dann endlich Empfang hatte, zwar schwankend, mal einen, mal gar keinen Balken auf dem Display, da versuchte er die Notrufnummer 114 anzuwählen. Leider brach die Verbindung immer wieder zusammen.

Er konnte mir im Nachhinein auch gar nicht mehr erzählen, welche Nummern er alles gewählt hatte. Jedenfalls rief er dann erst mal vernünftigerweise Susanne an und sagte ihr, dass wir ein Problem haben und am Berg festhängen würden. Er erklärte ihr wohl auch, dass wir zum Matrashaus gewollt haben und nun am Herzogsteig nicht weiter gekommen sind. Sie sollte ihm eine Notrufnummer der Bergrettung raussuchen.

Für sie waren das natürlich alles ‚böhmische Dörfer' und sie handelte instinktiv. Sie rief ihn wieder an und sagte, er solle die 140 anrufen und nannte noch eine Nummer. Jürgen erklärte ihr aber immer wieder, dass er die schon angerufen habe, allerdings keine Verbindung zustande käme. Später stellte sich heraus, dass er immer die 114 und nicht die 140 angerufen hatte.

Susanne kreiselte zu Hause und die Männer auf dem Plateau. Es zog wie Hechtsuppe, ja es stürmte richtig auf dieser Freifläche. Sie zogen ihre Reißverschlüsse bis oben hin zu, aber es war fast unerträglich. Am Telefon, wenn er mit Susanne sprach, konnte er kaum verstehen, was sie sagte, so pfiff ihnen der Wind um die Ohren. Der Nebel war so dicht geworden, dass sie fast die Hand vor Augen nicht mehr sehen konnten. Hätten sie sich zwei Mal gedreht, sagen sie später, hätten sie nicht mehr die Richtung wieder gefunden, wo sie hergekommen waren.

Sie beschlossen, tiefer zu steigen. Und wo befand sich nun der Weg hinab nach Hintertal? Jürgen war der Meinung, sie müssten auf der anderen Seite des Plateaus wieder hinauf zu der Stelle, wo wir am Vormittag Picknick gemacht hatten. Lutz konnte ihn aber überzeugen, dass der Weg hinab ins Tal ihnen zur Linken sein musste, in der Nähe von dem großen Strommast. Also begannen sie zu suchen.

Und tatsächlich hatte Lutz Recht. Sie fanden den Weg und begannen den Abstieg, weil sie sich erhofften, dann besseren Empfang zu haben. Währenddessen telefonierte und googelte Susanne in Deutschland, wusste nicht genau, wo wir uns befanden und was überhaupt geschehen war. Ihr Vater hatte ihr in der Aufregung so konfuse Angaben gemacht, zwischendurch noch Lutz das Handy gegeben, dass er Auskunft geben sollte, so dass sie zunächst gar nicht wahr genommen hatte, dass nur Jonathan und ich auf dem Berg geblieben waren.

Sie rief dann letztendlich die 112 an und hatte natürlich die Polizei in Deutschland dran. Sie trug ihr Anliegen vor und man riet ihr, ihrem Vater auszurichten, dass er in Österreich auch einfach die 112 anrufen solle. Zusätzlich gab ihr der nette Polizist noch eine Telefonnummer der örtlichen Polizei in Saalfelden.

Sie richtete es Jürgen aus, aber die beiden hatten weder Blatt noch Stift, um sich die Nummer zu notieren, also versuchten sie es mit Merken. Jürgen sprach Lutz die Nummer vor und er sollte sie sich einprägen.

Leichter gesagt, als getan. Zwar war es mittlerweile durch ihren Abstieg nicht mehr so windig und der Nebel nicht ganz so dicht, aber eine Nummer in dieser Krisensituation von ein mal hören auch einprägen zu können, war wohl zu viel verlangt. Jürgen war außerdem genervt von der vielen Telefoniererei und hatte Angst, dass das Akku nicht lange genug durchhielt. Und wohl immer der Gedanke: Die Zeit verrinnt, und die Beiden hocken dort oben am Berg!

Dann hatte Jürgen auf österreichischer Seite jemanden an der Strippe, der kompetent zu sein schien. Und auch Susanne hatte mit ihren Anrufen viel in Bewegung gesetzt, so dass letztendlich der Mann in der Leitung nach der Handynummer fragte, damit er diese Nummer der Bergrettung weiter geben konnte.

Es war den beiden Männern zu dem Zeitpunkt nicht zum Lachen zumute, aber danach haben sie herzlich gelacht, auch mit uns gemeinsam über sich selber. Man stelle sich die Situation vor: Jürgen hatte mein Handy am Ohr, von dem er die Nummer nicht auswendig kannte, sein Akku war leer, Lutz sein Handy fast leer, aber es war noch an. Also sollte Lutz in seinem Handy meine Nummer suchen, was dann auch gelang. Aber keiner der beiden konnte die Nummer lesen, weil die Zahlen für die beiden zu klein geschrieben waren!

Der Mann am anderen Ende sagte, er solle auflegen und er würde auf sein Display schauen, da

müsse die Nummer ja auch nachträglich zu sehen sein. Gleichzeitig schreibt Susanne die SMS:
„Nicht telefonieren, ihr werdet gleich angerufen."

Zwei Minuten später der erlösende Anruf von Herrn Tritscher, Bergrettung Saalfelden-Hintertal - Maria Alm. Der Notruf war ausgelöst und die Rettungskette in Gang gesetzt. Endlich! Es war mittlerweile 18.45 Uhr!

Jetzt erhielt das Team der Bergrettung die notwendigen Ortsangaben von Jürgen, so dass die Männer starten konnten. Jürgen und Lutz sollten weiter absteigen, ein Auto würde sie dort und dort erwarten, wo das auch immer war. Sie konnten ja nicht sehen, wie weit hinunter sie noch mussten, wie lang der Weg eigentlich bis Hintertal war. Im Mittag, als wir das Plateau passierten, hatte sich niemand dafür interessiert.

Also tappten sie, mal im Regen, mal im Nebel, aber jetzt nicht mehr so dem Wind ausgesetzt, hinab ins Tal. Mehrmals hörten sie in der Ferne Hubschrauberlärm. Gegen 19.00 Uhr ungefähr hörten sie Fußgetrampel, eilige Schritte, die den Berg hinaufkamen.

Kurz drauf erreichen sie zwei Männer mit Hund, die sich der Bergrettung zugehörig zu erkennen geben. Sie ließen sich noch mal erklären, wo genau sie uns zurück gelassen hatten. Und schon eilten sie weiter. Danach folgten, jeweils nacheinander, noch mal Männer der Bergrettung in zwei Vierer Gruppen. Jede fragte nach uns und gab per Sprechfunk alles weiter.

Dann endlich waren auch Jürgen und Lutz am Fuße des Berges angekommen. Auf einer Wiese standen ein Auto und ein dazugehöriger Fahrer, der schon wusste, wer ihm da entgegenkam. Händeschütteln und Fragen beantworten.

Die Fahrt hinab nach Hintertal begann, wie unsere auch, über Wiesen und unwegsames Gelände bis zu dem Schlagbaum, der nur noch Berechtigten die Fahrt dahin erlaubte, woher sie kamen.

Der Schlagbaum war zugeschlossen und der Fahrer schimpfte lautstark. Ein Förster oder Jäger, was auch immer, sie wussten es nicht mehr, hatte den Schlagbaum dummerweise verschlossen, obwohl man ihm gesagt hatte, dass die Bergwacht zur Rettung ausgerückt sei und er ihn aufgesperrt lassen muss. Soviel dazu.

Der Mann wurde angerufen, musste kommen und den Schlagbaum wieder aufschließen. Und so kamen sie, mit viel Zeitverzögerung irgendwann im Ort an und wurden zur Feuerwache gebracht. Dort erwartete sie Herr Tritscher, der die Rettungsaktion leitete.

Sie mussten alle Daten angeben und darüber konnten sie hinterher dann auch nur noch lachen, weil Jürgen für sich statt sein Geburtsdatum meins angegeben hatte. Lutz war es aufgefallen und er hatte die Sache richtig gestellt und sich danach über Jürgen lustig gemacht, weil er sich unbedingt jünger machen wollte.

Immer wieder konnten sie über Funk verfolgen, wie weit die Retter waren. Gegen viertel zehn dann die erlösende Nachricht: „Die zwei vermissten Personen wurden aufgefunden, sind wohlbehalten, nur durchgefroren."

Aber das Ganze ging noch weiter. Während die Bergretter sich dann mit uns an den Abstieg machten, war bereits mit mehreren Telefonaten sichergestellt worden, dass wir in einem Gasthof eine Übernachtung bekamen. Auch nach dem Standort unserer Autos wurde gefragt und man wollte sie nach Saalfelden fahren, um mein Auto holen zu können. Aber ich saß im wahrsten Sinne des Wortes auf dem Autoschlüssel. Jetzt lacht man drüber. Aber auch dafür hatte der Herr Tritscher eine Lösung. Einer der zu dem Team der Retter gehörte, wohl aber beim Einsatz nicht mehr gebraucht wurde, erklärte sich bereit, die beiden Männer mit nach Mühlbach zum Arthurhaus zu nehmen, damit sie von dort das Auto holen konnten. Scheinbar musste er in diese Richtung. Gesagt, getan! Aber die beiden bangten bei dieser Fahrt förmlich um ihr Leben.

Zunächst aber brachte sie der Fremde zu dem Gasthaus, wo man uns eingemietet hatte. Jürgen sagte dort Bescheid und fragte, wie lange sie geöffnet haben und ob sie dann noch was zu essen bekommen könnten. Dann raste der Fahrer mit ihnen durch die Nacht, dass ihnen Himmelangst und Bange wurde. Besonders die kurvenreiche schmale Straße hinauf zum Arthurhaus raste er, dass ihnen fast schlecht wurde.

Heil angekommen fragte der Mann, ob Lutz genau wisse, wo sein Auto stehe. Lutz sagte überzeugend ja, aber der Fahrer kannte bestimmt die Parkplatzsituation dort besser als Lutz. Er wollte sie nicht im Dunkeln dort allein umhersuchen lassen, nahm deshalb eine Lampe und ging mit Lutz suchen, während Jürgen das Auto des Fremden bewachen musste, dass dieser einfach offen ließ.

Der Mann wusste tatsächlich, wovon er sprach und Lutz erkannte sehr schnell, dass es eine geniale Idee von dem Mann gewesen war, mitzugehen. Sie mussten recht lange im Nebel nach seinem Auto suchen, denn was bei Tag alles so einfach und erreichbar aussieht, ist es bei Nacht und Nebel durchaus nicht.

Als der PKW gefunden war, fragte er auch, ob er ihn bis zur Schranke rausfahren solle, weil ja Lutz Bergschuhe anhatte und er selbst hier im Dunkel sicher eine bessere Orientierung habe. War eine gute Idee, gab auch Lutz zu.

Auf Grund der Fahrweise des Fremden sagte er ihm zum Abschluss noch, dass, sollte Schumi mal nicht mehr für Ferrari fahren wollen, er sicher gute Chancen hätte, dort genommen zu werden.

Dann endlich machten sich die Beiden in Lutz seinem Auto auf den Weg zurück nach Hintertal, aber mit Sicherheit langsamer als ihr Chauffeur vorher. Um ca. 23.00 Uhr, so sagen sie später, seien sie dann im Hotel „Schafhuber" angekommen. Herr Tritscher war auch schon da. So nach und nach trudelten dort noch Männer ein, die zur Bergrettung gehörten und sie gaben ihnen immer Auskunft, wie weit sie mit uns waren.

Dort hat dann der Wirt Jürgen und Lutz gleich erst mal belegt, „…dass die Bergrettung wieder ausrücken hat müssen", wegen irgendwelchen

Urlaubern. Er hielt sich dann aber zurück, als er wusste, dass die beiden Männer dazu gehörten. Herr Tritscher erklärte ihnen, dass sie seine Worte nicht ernst nehmen sollten, er sei eben so und so kenne man ihn.

Dann begann für sie das endlose Warten, bis wir um 0.20 Uhr die Bühne betraten. Der Rest ist ja bekannt, außer, dass Susanne noch immer auf eine Antwort und Informationen von Jürgen wartete. Sie bat flehentlich mit mehreren SMS darum, aber niemand von uns hatte in der Anspannung des Wartens an sie gedacht.

Deshalb hatte ich ihr dann gegen ca. 0.40 Uhr eine Nachricht und noch eine um 1.45 Uhr geschickt, als wir zu Bett gingen. Sie hat natürlich mitgelitten, wusste sie doch dann letztendlich auch, dass Jonathan und ich allein auf dem Berg saßen und auf Hilfe warteten.

Und Papa hatte ihr Stillschweigen auferlegt, das war das Schlimmste. Sie hatte abends mit ihren Schwestern per Messenger geschrieben und musste so tun, als wäre nichts geschehen. Das sei für sie das Schlimmste gewesen, sagte sie hinterher. Die Gewissheit, wir sitzen in der Kälte und Dunkelheit und keiner wusste, wie es uns geht und sie alberte und schwatzte mit ihren Schwestern über Urlaub und Berge und uns, als wäre alles in bester Ordnung. Davon erzählten die anderen beiden hinterher, dass sie Susanne nichts angemerkt hatten und deshalb auch völlig arglos gewesen seien.

Jürgen bekannte später, dass er mehrmals auf dem Plateau überlegt habe, ob er wieder zurück zu uns klettern sollte, um uns zu sagen, dass die Rettung informiert worden und unterwegs sei. Letztendlich hielt ihn der dichte Nebel davon ab, dies zu tun. Er hätte den Weg hinauf bis zum Einstieg und dem Beginn des Klettersteigs nicht wieder gefunden, sagt er.

Ansonsten war das Zusammentragen der Fakten, was in der Zwischenzeit passiert war, eine mühsame Geschichte. Und keiner der beiden konnte mehr genau nachvollziehen, wann sie wen oder was angerufen oder getan hatten. Zeitangaben konnten sie so gut wie gar nicht machen. Vieles fiel ihnen erst wieder ein, als ich detailliert nachfragte und manches wussten sie einfach gar nicht mehr.

Freitag, der 31.07.2009

Frühs sind wir die Attraktion im Frühstücksraum. Gäste unterhalten sich über den Einsatz der Bergwacht, den Hubschrauber und spekulierten, was geschehen war. Die Wirtin setzt sie kurzerhand davon in Kenntnis, dass wir die Geretteten waren und niemandem ein Leid geschehen sei. Na, die staunen nicht schlecht. Letztendlich ist es uns aber doch peinlich, weil wir wissen, dass an jedem Tisch über uns geredet wird.

Die Chefin findet für mich noch den Namen und die Telefonnummer des Einsatzleiters vom Abend zuvor heraus. Jonathan bekommt von der Seniorchefin beim Abschied ein Holzherz geschenkt, dass ihn immer an dieses Ereignis erinnern und im weiteren Leben Glück bringen soll, und dass alles für ihn immer so gut ausgehen möge, wie diese Bergrettung.

Das Hotel ist wirklich eine Augenweide. Erst heute Morgen nehme ich Details wahr. Alle Zimmer haben Namen. Jonathan und ich wohnen in der „Herzlichkeit" und die beiden Männer in der „Freude". Ländliche Schlichtheit in Holz, dazu Wandmalereien, Bilder, Spiegel und liebevoll ausgesuchte, schmückende Beiwerke an Wänden, auf

Absätzen, in Ecken und Nischen machen diesen Gasthof urgemütlich.

Wir zahlen stolze 250,00 € fürs Abendbrot, und 4 x 52,00 € für die Übernachtung. Ein Entgegenkommen des Hauses, weil sonst die Übernachtung 60,00 Euro kostet, sagte die Hausherrin.

Viel Geld für eine Nacht, besser gesagt, für einen Tag. Aber was ist schon Geld wert gegen „Gesund vom Berg kommen"?

Um 10.00 Uhr treten wir die Heimreise an. Zuerst holen wir mein Auto vom Parkplatz im Wald und packen alle Klamotten um.

Danach halten wir in Maria Alm noch an, um auf der Polizeistation zu fragen, ob ihrerseits zu dem Bergeinsatz vom Abend zuvor noch irgendwelche Daten erhoben werden müssen. Herr Tritscher hatte zwar gesagt, dass er alles versucht habe, für uns zu regeln, es aber trotzdem sein könne, dass wir morgens noch Besuch von der Polizei bekämen. Echt ein ungemütliches Gefühl!

Um dem zuvorzukommen, fragen wir lieber selber nach und bekommen die Antwort, wenn die Bergwacht Daten und Einsatz detailliert dokumentiert hat, sei soweit erst mal alles in Ordnung.

Unsere Heimfahrt verläuft problemlos. Wir haben mit Susanne telefoniert, nochmal alles nötige erklärt und ihr weiter Stillschweigen verordnet.

Als wir gegen 19.00 Uhr in Eisenach ankommen, begleiten wir Jonathan mit hinauf, damit er diese Story seiner Mama selbst erzählen kann. Wir hatten unterwegs Zeit genug, alles mit ihm zu besprechen und ihn darauf vorbereitet, dass seine Mama noch gar nichts von der Rettung wusste und warum das so war.

Wir bleiben dabei, als Jonathan die Story erzählt, aber eben aus der Sicht eines Kindes und nicht mit der Ernsthaftigkeit, die diesem Erlebnis gebührt. Das ist fürs erste auch gut so. Wir erklären zusätzlich unser Handeln, damit sie verstehen kann, warum Jürgen Susanne die Anweisung gegeben hatte. Wohl richtig, aber für eine Mutter, deren Kind in Gefahr war, im Nachhinein sicher ein schwacher Trost. Sie ist fassungslos! Mehrmals müssen wir alles haarklein erklären. Wir versichern ihr trotzdem, dass wir sofort angerufen hätten, wenn Jonathan verletzt worden wäre.

Susanne ruft sofort um 22.00 Uhr an, als wir zu Hause ankommen, um sich die ganze Geschichte von mir erzählen zu lassen und sie trägt ihrerseits ihr Scherflein dazu bei, das Ganze zu rekonstruieren. Sie hatte vorher Theresa gefragt, ob sie zuerst mit uns telefonieren dürfe. Und da Theresa keine Ahnung von der Dramatik vom Donnerstag hat, stimmt sie Susannes Wunsch zu, geht dann auch zu Bett, weil bei uns das Telefon ewig besetzt ist.

Immer noch ahnungslos ruft sie dann am Samstagabend bei Maria an und bekommt die Erlebnisse zuerst von Jonathan geschildert, was sie aber nicht so richtig glauben will. Dann berichte ich ihr davon, schicke ihr aber auch den Bericht vom Donnerstag, den ich im Laufe des Tages niedergeschrieben hatte, per Mail zum Lesen. Na und nach dem detaillierten Bericht bleibt ihr erst recht die Spucke weg und wir reden danach noch lange darüber.

Auch mit Papa spricht sie, lacht bei der Vorstellung über die beiden Männer am Berg, die auf dem Display die Nummer nicht lesen können, kann es nicht fassen, dass Jonathan keinerlei Angst dort oben, auf dem Weg hockend, gezeigt hatte. Im Gegenteil! Er hatte mehr Mut bewiesen, als sie in dieser Situation aufgebracht hätte. Sie wäre bestimmt nicht dort allein mit mir sitzen geblieben. Aber eine andere Alternative fällt ihr dazu nicht ein.

Und so bleibt ihr nichts weiter übrig, als zu bestätigen, dass es dann wohl so hätte sein müssen, aber sie hätte sich nie im Leben allein unter eine Rettungsdecke gesetzt. Letztendlich ist sie zufrieden, dass uns das auf früheren Bergtouren mit ihnen gemeinsam nie passiert sei.

Später dann…

Nachdem ich alles niedergeschrieben und mehrfach darüber gesprochen hatte, konnte ich wieder schlafen und hatte es für mich verarbeitet. Abgeschlossen war es erst später, weil noch die Rechnung vom Einsatz der Bergrettung kommen musste. Ich hatte ja beim Abstieg erfahren, dass der Polizeihubschrauber aus Salzburg angefordert worden war und zwei Mal mit je vier Mann bis hinauf zur Wiese geflogen ist, genau zu der Stelle, wo uns die Autos erwartet hatten. Er hatte es zwar versucht, weiter hinauf zu fliegen, war aber nicht durch die unterste Wolkendecke hindurch gekommen.

Jonathan bekam einige Tage später als Geschenk von seinen beiden Patentanten und uns einen neuen Schulrucksack für den Schulbeginn geschenkt und zwar dafür, dass er sich am Berg so tapfer und vorbildlich verhalten hatte. Er freute sich sehr über diese Anerkennung.

Zu Hause musste sich dann Jürgen den Vorwurf von mir gefallen lassen, dass er sich nicht ausreichend und umfangreich genug über diese beiden Tagesetappen informiert habe. Er druckte

Infomaterial darüber aus, das man allerdings so und so sehen kann. Ich weiß nicht, ob ich dieser Tour zugestimmt hätte, wenn ich es vorher gelesen hätte.

Die Zeitangaben für die Strecke von der Biwakschachtel bis zum Matrashaus variieren sehr. Aber eins weiß ich mit Sicherheit: Ich hätte meine Begleiter genötigt, eine Stunde eher aufzustehen, um eventuell noch vor halb sechs zu starten. Hätten wir um 14.00 Uhr den Weg dort am Schneefeld unmittelbar fortsetzen können, hätte uns das Gewitter vielleicht mit der Hütte in Sichtweite erreicht und wir wären den Rest des Weges zwar patschnass gegangen, aber zumindest angekommen. Viele ‚wenn's' und ‚aber' und ‚hätten' und ‚wären', für die man keine Antwort erhält. Also lohnt es nicht, darüber nachzudenken.

Ein Bergretter hatte mir beim Abstieg gesagt, dass die Markierung dort schwer zu finden ist. Eigentlich sei es sehr einfach, nur geradeaus über das Schneefeld und auf der anderen Seite seien wieder Hinweise zu finden. Aber eben im Nebel kaum machbar. Insofern war es richtig, umzukehren.

Die Rechnung der Bergrettung kam sechs Wochen später. Erschreckend! Ja! Aber was ist Gesundheit wert?

Natürlich war die Summe für uns beide höher, als für Jürgen und Lutz. Aber da wir Mitglieder im Alpenverein waren und sind, greift der Versicherungsschutz für solche Einsätze.

Nachsatz

Wandern und Klettern ist ein wunderschönes Hobby, eine ganz besondere Art, seinen Urlaub zu verbringen. Viele Menschen können das nicht verstehen und sagen, dass sie lieber faulenzen, um sich zu erholen.

Du, lieber Jonathan, bist oft mitgegangen und es hat dir immer sehr viel Spaß gemacht, so viel Neues in den Bergen zu entdecken. Ob du uns mal wieder in die Berge begleiten wirst, bleibt nach diesem Donnerstag abzuwarten. Anfangs hast du gern über diesen Urlaub berichtet, jedem der davon hören wollte. Mittlerweile weißt du sicher nicht mehr allzu viel davon.

Besonders die Sorgen und Ängste, die wir um dein und unser Leben hatten, konntest du in dem Alter noch nicht begreifen. Du wirst erst später realisieren, was wir durchgemacht haben und nun nach dem Lesen vielleicht verstehen, in welcher Gefahr wir geschwebt haben.

Herr Trittscher hat uns zwei Wochen später den Zeitungsartikel über unser Rettung und die Fotos vom Einsatz geschickt. Sie schreiben, dass wir richtig und umsichtig gehandelt haben. Und nur das ist wichtig.

Auch im Journal des Österreichischen Bergrettungsdienstes, Ausgabe 2009/10, ist unsere erfolgreiche Rettung eine Seite wert, die ich hier wörtlich zitiere:

Datum:	*30. Juli 2009*
Einsatzort:	*Torscharte / Herzogsteig*
Einsatzbeschreibung:	*Bergeeinsatz*

Aus dem Einsatzgeschehen wird hier ein Einsatz geschildert, da dieser zeigt, dass es oftmals einfach besser ist, irgendwo sitzen zu bleiben und auf Hilfe zu warten, als die Helden zu spielen und es passiert vielleicht noch ein Unfall.

Vier deutsche Bergsteiger – ein Ehepaar (59 und 50 Jahre), ihr Enkelsohn (10 Jahre) und ein Bekannter (44 Jahre) – unternahmen eine mehrtägige Bergtour im Steinernen Meer.

Von Saalfelden führte ihre Tour über die Wiechentalerhütte zum Riemannhaus und zur Biwakschachtel am Wildalmkirchl, wo sie am 29.07.2009 nächtigten. Am 30.07. startete die Gruppe gegen 6.30 Uhr von der Biwakschachtel

Richtung Matrashaus am Hochkönig. Wegen des unsicheren Wetterberichts (Gewitter am Nachmittag) gingen sie früh los.

Gegen Mittag waren sie am Herzogsteig unterwegs, der den Hochseiler umgeht. Ein teilweise versicherter hochalpiner Steig, der durch ausgesetztes Felsgelände führt. Kurz bevor sie die Übergossene Alm (Hochköniggletscher) erreichten, kamen sie vom Weg ab.

Das Wetter verschlechterte sich ebenfalls, Nebel zog auf, eine Orientierung war für die Gruppe nicht mehr möglich.

Sie entschlossen sich zur Umkehr und den schwierigen Weg über den Herzogsteig wieder zurück zur Torscharte zu gehen. Gegen 17.00 Uhr zog ein heftiges Gewitter auf und binnen Minuten verwandelten sich Rinnen vom Hochseiler in Sturzbäche und Wasserfälle.

Die Frau und das Kind trauten sich nicht mehr über eine Schlucht, durch die das Wasser herunterschoss. Da an dieser Stelle kein Handyempfang ist, entschied man, dass die Männer Hilfe holen und die Frau mit dem Kind zurückbleibt.

Die beiden Männer suchten den Weg zurück zur Torscharte, wo sie gegen 18.30 Uhr endlich eine Verbindung herstellen konnten. Nach mehreren Nummern (Notruf war ihnen nicht bekannt), die sie gewählt hatten, konnten sie die Bergrettung verständigen.

Starker Nebel und Regen verhinderten eine Hubschrauberbergung.

Zehn Männer der Bergrettung Saalfelden und Dienten wurden mit einem Hubschrauber des BMI soweit als möglich Richtung Torscharte geflogen und stiegen weiter zu Fuß auf. Weitere acht Mann blieben zur Unterstützung in Hintertal.

Gegen 20.00 Uhr wurden die beiden Männer unterhalb der Torscharte angetroffen. Die beiden stiegen selbständig nach Hintertal ab.

Gegen 21.30 Uhr waren die Bergrettungsleute schließlich bei der vermissten Frau und Kind angekommen (Seehöhe ca. 2400m). Regen und starker Nebel erschwerten die Orientierung.

Die beiden wurden über den Herzogsteig gesichert und danach nach Hintertal geleitet.

Dieser Einsatz zog sich zwar weit in die Nacht, war aber unproblematisch, da sich die vier Bergsteiger, einmal in Bergnot gekommen, richtig verhalten haben."

So nüchtern liest sich eine Dokumentation von Fachleuten! Ich hatte Herrn Tritscher für seine Unterlagen meine Schilderungen von diesem Tag mit unserm Dankeschön zur Verfügung gestellt. Dazu folgt auf der nächsten Seite noch Folgendes:

„Frau Piehler schreibt ihre Erlebnisse in den Bergen immer nieder, diesen Bericht hier zu bringen, würde den Rahmen sprengen, darum nur den Nachsatz von Frau Piehler und ihre Gedanken zum Bergsteigen.

…Wenn wir in den Bergen unterwegs sind, versuchen wir immer, so viel Sicherheit wie möglich walten zu lassen, damit wir uns nie vorwerfen lassen müssen, wir seien leichtsinnig. Nun könnten einige Menschen sagen, dass es unverantwortlich sei, ein Kind mit in die Berge zu nehmen.

Es gab schon viele Situationen mit und ohne unsere Kinder, in denen jemand aus der Gruppe an den Rand seiner Grenzen kam oder aber die Etappe kaum zu bewältigen gewesen war. Auch Nepal war für uns an vielen Tagen eine Herausforderung, der wir uns stellen mussten, und an diesen gemeisterten Situationen mit Sicherheit gewachsen sind.

Und trotzdem bleiben bei allen Vorkehrungen, die man trifft, die Natur und der Berg unberechenbar. Das hat uns diese Bergtour wieder einmal eindringlich gezeigt. Und ich bleibe dabei: Manchmal sollte man ganz einfach feige sein, Risiko und Risikobereitschaft genauestens abwägen und Hilfe in Anspruch nehmen, wie peinlich einem das auch immer sein sollte. Ich bereue es nicht, mit Jonathan auf Sicherheit gegangen und um seiner Sicherheit Willen am Berg geblieben zu sein.

Es ist gut und wertvoll, dass es Menschen gibt, die sich für andere einsetzen, egal auf welchem Gebiet und in welcher Form auch immer. Hier waren es freiwillige Helfer der Bergrettung, die ihr Leben und ihre Gesundheit aufs Spiel gesetzt haben. Für uns sind sie ausgerückt und haben alles dafür getan, dass wir sicher vom Berg kamen. Dafür möchten wir uns ganz herzlich bedanken. Wir wünschen ihnen auch in Zukunft viele Einsätze, bei denen sie ihre „Opfer" gesund vom Berg herab holen können. Und wir wünschen ihnen, dass sie selbst immer wieder gesund vom Berg zurückkommen.

Danke! Und vergelt's Gott!

Dem ist nichts mehr hinzuzufügen!

Inhalt: